中小学教师专业发展标准及指导

技术与综合实践学科

中小学教师专业发展标准及指导课题组　编　著

北京师范大学出版集团
BEIJING NORMAL UNIVERSITY PUBLISHING GROUP
北京师范大学出版社

图书在版编目(CIP)数据

中小学教师专业发展标准及指导.技术与综合实践学科／中小学教师专业发展标准及指导课题组编著.—北京：北京师范大学出版社，2013.10（2021.7重印）
ISBN 978-7-303-16822-4

Ⅰ．①中…　Ⅱ．①中…　Ⅲ．①活动课程－教学研究－中小学②劳动课－教学研究－中小学③通用技术－教学研究－中小学　Ⅳ．① G633

中国版本图书馆 CIP 数据核字（2013）第 172658 号

营 销 中 心 电 话　　010-58802181　58805532
北师大出版社高等教育分社网　http://gaojiao.bnup.com
电 子 信 箱　　gaojiao@bnupg.com

出版发行：北京师范大学出版社 www.bnupg.com
　　　　　北京市西城区新街口外大街12-3号
　　　　　邮政编码：100088

印　　　刷：天津中印联印务有限公司
经　　　销：全国新华书店
开　　　本：730 mm × 980 mm　　1/16
印　　　张：8.5
字　　　数：130千字
版　　　次：2013 年 10 月第 1 版
印　　　次：2021 年 7 月第 7 次印刷
定　　　价：18.00 元

策划编辑：路　娜　　　　责任编辑：路　娜
美术编辑：纪　潇　　　　装帧设计：纪　潇
责任校对：李　菡　　　　责任印制：马　洁

中小学教师专业发展标准及指导
丛书编委会

序

　　由北京教育学院组织，各方专业人士参与，研制《中小学教师专业发展标准及指导》，经过专家论证和反复修改即将出版，这是一件十分有价值的事情。

　　我参加了项目成果的评审论证会，与会的各位专家均对项目成果给予了积极的肯定，同时也补充了许多建设性意见，提供了许多思考的角度，有助于进一步深入研究并修改完善。我总的认为，该项成果意义重大，定位妥帖，特点突出。

　　首先，意义重大。该课题研究具有战略性的意义。为什么这么说呢？教育上要干的事很多，但是抓教师队伍建设始终是关键，2010 年国际教师节，联合国四大机构的负责人共同提出："复兴始于教师。"因此，对教师发展进行深入的理性的研究，促进教师科学发展，具有战略意义。北京教育学院能用十余年的时间坚守教师专业发展及其标准这样一个课题研究，表现出一种教育的自觉。在茅草屋底下的西南联大，出来那么多大师级人物，靠的是什么？导师！所以梅贻琦的外号叫"囤积教授的校长"。坚守教师专业发展的课题研究，确实具有深远的战略意义。

　　其次，定位妥帖。也就是定位科学、适度与适当。第一，定位在"教师专业发展"的标准，界定为在职教师的专业生涯领域，强调了职后的专业发展，强调了专业发展的阶段性与可持续性，这样就与教师资格标准有所区别、也与教师教育标准有所不同了。资格标准和教师教育标准主要涉及职前与入职，是做教师的基本要求；而教师专业发展标准恰好是前两者的延续、深化与补充。三个"标准"有机结合、相互衔接、功能互补，有助于形成我国教师专业化的标准体系。第二，定位在"业务指导性"上。有很多有

1

关教师的素养、标准、目标，多是指令性的、规范性的，至于如何去操作，如何去实现，往往研究不够。但课题组的很多教师认真深入到学科教学当中去，真正在研究教育实践，研究教学实践中的问题和经验，所以能够对学科的特点、学科教学的特点以及学科教师的特点有较好的把握，在实践和理论相结合进行研究的基础上提出具体的指导建议，就很有针对性。所以，这个标准有利于教师自我发展，满足教师培训的需要。

最后，特点突出。主要包括以下几个特点：(1)引领性。现在我们的教师培训需要一个依据，教师自身的专业发展也需要一个依据。所以搞好一个标准，确实具有引领性。(2)发展性。从整体体例上看，纲、目都很清楚，但留有发展空间，不是死标准。给出空间，才能不断完善。(3)聚合性。这是一项综合性研究，牵涉到很多国家的研究成果，牵涉到很多理论问题和实践问题，又要兼顾很多现实情况。把这些东西综合在一起研究，体现了整体优化。(4)实用性。我们常说，中央已经连续不断地发文件强调培养创新人才。"连续不断发文"这也是当代中国教育的一个特点。我们现在拿出一个依据，至少在教师专业发展上可以在较长的时期起作用。(5)规范性。使教师专业发展方面更有章可循，减少随意性。

当然，也有些问题可以进一步研究，使标准更趋完善。

第一个问题，课题立足于"教师专业发展"，但是还没有摆脱教师资格标准的影子。因为教师资格分为初级、中级、高级。按照通常的教师专业发展，可以研究一下几类教师之间的相关性、同步发展的可能性有多大。例如，对于教师职业的热爱，入职阶段是否就只热爱一点，后来进入成熟阶段就更加热爱，到了专家阶段就人格完满、师德高尚了？十年左右教龄的教师常常会有职业倦怠，是不是发展的所有内容都是层次递进的？所以，我想发展与职级不一定直接相关。根据舒尔曼讲的7类教师专业发展知识，教师要掌握学科知识、一般教学法知识、学科教学知识、课程知识、学习者及其特点的知识、教育史、教育哲学，这样大分类后，每一个类里面可能又有层次。比如，德国制定的11类教师标准，也是按大类来分的，但每一类里面也有由浅入深的层次。欧盟制定的教师专业标准也是如此。将来可以继续研究：究竟哪个作为纲，哪个作为目。例如，以健全的人格和职业道德作为一个纲，我们可以分成不同层次，对教师就以不同层次进行评价。一位具体的教师，无论是哪一个级别，都要以层次进行评价。高级教师也不一定每一方面都是 A。也不一定老教师专业水平就最高，创新能力就最强，也许年轻人创新能力更强。所以要引导教师在自身基础上发展，使每个人向更高目标前进，而不是熬够年头才能达到高一级的标准。所以，作为专业发展的纲、目可以调整，而不是套用教师资格标准的纲目。这样可能有助于推动教师专业的发展。

第二个问题，是过程与结果的关系。注重过程很不错，但是应该更多地强调效果。按照 ISO 9000 的观念，有标准过程就有好的结果，但是教育专业发展实际不一定是这样的。怎样使过程与效果结合起来，不是教师想使学生得到发展，而是学生是否真的发展了。哥伦比亚大学前校长说，美国师范教育的失败是培养出来一批会教的教师，但是没有培养出来能把学生教会的教师。在信息化发展的时代，用标准化的过程不可能适应不同学生的发展需要，最终评价教师是学生的发展。我们一定要重视过程，但也要重视结果。

希望这项研究成果在实践中产生积极效应，并通过实践不断完善。

国家教育咨询委员
国家总督学顾问
联合国教科文组织协会世界联合会副主席

目　　录

第一部分　前　言

教育大计，教师为本。高素质专业化的教师队伍是学生健康成长、学校持续改进、教育质量不断提升的关键因素和重要保障。提高教师质量的途径之一，是通过研制教师专业发展标准，来引导教师专业发展的方向、内容和评价。这是提高教师质量的国际经验和趋势。

北京教育学院承担的"北京市教师教育创新平台"，自 2009 年开始，成立了教师专业发展标准研究课题组，围绕职后中小学教师专业发展的标准及其具体内容和操作要点，开展了深入、系统的研究。经过相关文献分析、教师问卷调查、优秀教师访谈、问题集中研讨、初稿撰写起草、专家反复论证、不断修改完善的过程，形成了中小学教师专业发展标准的框架和具体内容，形成了分领域（学科）、分阶段、重操作的《中小学教师专业发展标准及指导》（以下简称《标准及指导》）。

一、研制目的

《标准及指导》研制的目的是服务于教师的发展。就服务的主体而言，它对中小学教师、学校领导、教师培训机构、教育行政部门都有具体的引领作用；就服务的内容而言，它可以用于诊断（反思）与规划、培养与培训、评估与管理等方面。本成果将主要用于中小学教师的自我发展指导和中小学教师培训指导，并在实践应用中加以检验和完善。

首先，为教师反思自身教学实践提供依据。教学反思是教师发展的内在机制。自身教学实践有什么优点和不足，教学水平达到什么程度，需要借助教师专业发展标准提供反思的框架，所以，教师发展标准有助于教师系统地反思。

其次，为教师制定专业发展目标和规划、自主学习与发展提供依据。制定教师发展规划，明确专业发展目标，是教师自主发展的有效方式。不同发展阶段的教师，其发展目标及其要求也是不同的。教师专业发展标准可以为教师制定规划提供参考。《标准与指导》还提供具体内容和操作的指导，这有助于教师参考指导要点，实现自主学习与发展，不断改进教育教学活动。

再次，为教师培训机构诊断教师需求、设计培训目标与课程提供依据。教师培训机构要有效促进教师发展，提高培训的针对性和实效性，必须准确把握教师需求，设计有针对性的培训目标与课程。不同层次培训的课程设计必须依据不同发展阶段教师的发展目标，而教师专业发展标准对此进行了设计。

最后，为管理部门评估教师发展水平提供依据。教师发展的过程性评估和终结性评估对教师本人和管理部门了解信息、激发动力、考核奖惩等都有帮助，而评估标准和指标体系的设计就要依据教师专业发展的标准。

总之，《标准及指导》具有很强的实践意义。当然，标准是针对一定时期一定区域的情况制定的，具有相对性，不是绝对不变的；标准反映的是教师发展的共性规律和要求，具有统一性，而教师个体之间也是有差异的。因此，标准是重要的参考依据，而不是绝对的。在实践和使用过程中，要重标准，不唯标准。

二、主要依据

教师专业发展标准，涉及素质结构如何划分、发展阶段及其任务如何确定、具体要求如何阐述等几个基本问题。这些问题的解决都需要有政策法规、理论研究、客观事实等方面的依据。课题组对这些方面进行了大量的学习、研究，为科学地解决这些问题奠定了比较坚实的基础。

1. 政策法规依据

改革开放以来，我国颁布了若干项关于教师的法律法规和政策，如《中华人民共和国教育法》《中华人民共和国教师法》《中华人民共和国义务教育法》《教师资格条例》《中小学教师职业道德规范》《国家中长期教育改革和发展规划纲要（2010—2020年）》等，其中最集中、最概括地表现于《中华人民共和国教师法》，该法对教师的定位、资格、权利、义务等作了明确的规定，而《中小学教师职业道德规范》(2008 年修订)对教师的职业道德提出"爱国守法、爱岗敬业、关爱学生、教书育人、为人师表、终身学习"六项要求，这为研制教师专业标准提供了最重要的法规政策依据。

2010 年颁布的《国家中长期教育改革和发展规划纲要(2010—2020 年)》从我国"到 2020 年，基本实现教育现代化，基本形成学习型社会，进入人力资源强国行列"的战略目标出发，提出建设一支"师德高尚、业务精湛、结构合理、充满活力的高素质专业化教师队伍"的具体目标，并提出健全教师管理制度，制定教师资格标准等具体要求，《北京市中长期教育改革和发展规划纲要(2010—2020 年)》中还提出了"研究制定教师专业发展标准，明确阶段性目标"的任务，这为制定教师专业发展标准也提供了新的政策依据。

2. 理论依据

制定教师专业标准是许多国家和地区促进教师发展的重要举措。本课题组对美国、英国、德国、法国、俄罗斯、新西兰、新加坡、越南、马来西亚及我国香港地区等建立的教师专业标准进行收集、学习和分析，了解其指导思想、结构和内容，从中寻找有益的借鉴。本课题组成员还多次参与华东师范大学组织的教育部"985"课题"中小幼教师专业标准研究"及比较研究，参与学术会议，了解前沿动态。从目前世界上许多国家和地区的教师专业标准来看，其风格各异。例如，英国"合格教师专业标准"是从"专业价值和承诺""专业知识与理解""教育教学实践"三方面进行表述。美国"爱达华州教师专业标准"把教师所应具备的素养分为十个方面，每个方面又从"专业意识、专业知识、专业能力"三个角度来表述。澳大利亚新南威尔士州、南澳州的"教师专业标准"也是按教师应具备的素养分为若干方面，每个方面又从"专业承诺、专业知识、专业实践"三个角度来表述。美国加州的教师专业标准则以教学活动为核心，由六类相关联的教学活动组成标准，每条标准下有若干要点，每个要点中又以"如何"和"为什么"两问，列出一个问题清单供教师思考。国际培训、绩效、教学标准委员会(IBSTPI)制订的"教师能力标准"分专业基础、教学计划与准备、教学方法与策略、评估与评价、教学管理 5 个能力维度，之下有 18 项能力及相应的绩效指标。

总体来讲，各国基本都依据"教师素质理论(包括教师知识理论)""教师专业发展理论""教师发展性评价理论""课程与教学理论"等制定教师专业标准。关于教师素质的理论，国外主要有两大理论流派：一是以美国卡耐基教学促进会主席舒尔曼(Lee S. Shulman，1986)为代表的"学科取向"的教师知识研究，把教师应具备的知识概括为学科内容知识、一般教学法知识、课程的知识、学科教学法知识、学生知识、教育环境的知识、教育宗旨与目的的知识。例如，美国国家专业教学标准的五条标准，主要是参照了"学科取向"的教师知识研究。二是以艾尔巴茨(Freema Elbaz，1981)及康纳利和克兰迪宁(F. Michael Connelly & D. Jean Clandinin，1985)为代表的"实践取向"的教师知识研究，强调教师实践中表现出来的具有个人性、默会性、情境性、实践性、综合性等特点的实践性知识。例如，英国"卓越教师专业标准"则更多地参照了"实践取向"的教师知识研究。国内学者林崇德、申继亮和辛涛教授对教师素质的构成进行研究，提出教师素质在结构上至少应包括五种成分，即职业理想、知识水平、教育观念、教学监控能力以及教学行为与策略。关于教师的知识又提出本体性知识、条件性知识、实践性知识的结构。陈向明等教授对教师的实践性知识进行了深入的研究。

关于教师发展阶段的理论，国内外观点较多。有福勒(France F. Fuller)的四个关注阶段理论、伯林纳(David C. Berliner)的教学专长五阶段理论、利思伍德(Kenneth A. Leithwood)的思维方式五阶段理论、休伯曼(A. Michael Huberman)的七阶段理论、费斯勒(Ralph Fessler)的八阶段生涯理论、邵宝祥的五阶段理论、钟祖荣与李晶的四阶段素质水平理论、叶澜等人的五阶段自我更新理论等。这些理论从不同的角度，对教师不同发展阶段的特征进行了描述和概括。这些为研制分阶段的教师专业标准提供了一定的理论基础。

课程与教学理论是教师专业标准研制的重要理论基础。特别是我国新课程改革的理念，均体现在专业实践的各标准中，诸如强调教学的三维目标，强调学生的自主、探究、合作学习方式，强调信息技术的运用以及与学科教学的有机整合，强调教学与学生的知识基础、生活经验、社会实际相联系，强调形成性、发展性评价，强调利用和开发课程资源等。研制过程中，课题组认真学习和研究了各学科的义务教育阶段课程标准(2011年版)、高中课程标准，把握各学科的性质、功能，以课程标准的内容为依据提出教师专业发展的要求，又通过教师专业标准的要求，促进课程改革的落实和深入。此外，教学理论也为标准中教学活动部分的制定提供了理论上、结构上的依据。

3. 实践和事实依据

研制教师专业标准需要从实践视角，对教师群体的实际情况和特征进行分析研究，使标准的制定符合实际情况。一方面，我们对北京市中小学教师群体的特征进行调研，包括他们的工作、生活和专业素养状况的调查与分析；另一方面，对北京市中小学优秀教师的特征及发展阶段进行访谈、问卷等调查研究，发现他们的素质特征和成长规律。

培训实践基础。本课题组部分成员自 20 世纪 80 年代投入教师继续教育实践，20 多年来专访各类教师、校长，研究大量教师成长个案，进行课堂教学观察，开展学生、家长、专家访谈，积累了大量教师专业发展的鲜活案例，较好地把握了中小学教师专业发展的状况和特点。

群体状况调研。北京教育学院组织课题组，开展了三次大规模的教师发展调研。2005 年对北京市 10 个远郊区(县)做"教师专业发展水平调查与研究"，发放问卷 10 000 份，分析典型学校 114 所，按照"影响教师专业发展的内外部因素访谈提纲"访谈教师 100 名，出版专著《京郊中小学教师专业发展机制与对策研究》(2006)。2006 年又进行"北京市中学各科教师专业发展水平调查与研究"，发放问卷 10 000 份，分析典型个案 120 例，分析典型学校 150 所，课堂观察 560 节课，获得大量反映北京市中小学教师专业发展现状的第一手材料，归纳提炼出当前北京市中小学教师专业发展中的主要问题。2009 年受教育部师范司委托，我院课题组还对江苏、广东、吉林、北京、河北、湖北、云南、青海等 12 省市的教师队伍和教师培训进行问卷调查。

优秀教师特征访谈。北京教育学院在 1998 年对全国部分特级教师进行个案研究和问卷调研，对骨干教师的特征、成长规律进行分析研究，出版专著《骨干教师队伍建设研究》(2000)。2009 年，课题组在研究中对北京市 18 位中小学不同学科的优秀教师进行深度访谈，提炼出优秀教师的基本素质。主要表现为以下五种特质：(1)动机。有对取得教育成果持续渴望、付诸行动的强烈动机。(2)特质。思维敏锐，能对情境或信息做出持续反应并作出决断。(3)自我概念。具有积极的态度、价值观及良好的自我印象。(4)学习能力。具有专业知识的敏感性和吸收与转化能力。(5)技巧。具有分析性思考和概念性思考的能力。

发展阶段调研。2009 年，课题组还对 12 位不同学科不同地域不同阶段的教师就发展阶段进行访谈，又对 194 名北京市骨干教师进行发展阶段的问卷调查，获得大量数据和信息，并在调研基础上提出教师发展六阶段理论，具体提出六阶段的起止名称、时期名称、各阶段特征及发展任务，为我们划分发展阶段、描述发展标准中各阶段的发展任务提供重要的事实依据。

三、指导思想

1. 宗旨上，体现以学生发展为本的思想

教师专业发展的目的不是仅仅为了自己，而主要是为了学生，为了给国家社会培养有用人才。尊重学生、关心学生、爱护学生、促进学生健康成长，应该成为教师专业发展中最重要的素质。教学中，教师要从学生的学情出发，深入了解学生的知识基础、生活经验、困难障碍等；同时又要调动学生学习的积极性，发挥学生主体性，以促进全体学生的发展。《标准及指导》的专业实践部分主体名称为"促进学生的学习与发展"，是一个具体的表现。具体标准中也始终贯彻这一思想。

2. 内容上，体现时代性的要求

教师专业发展标准，是对教师素质与行为要求的规定。不同地区和时代的教师素质要求，既有共性，又有区别。共性就是要保持教师基本素质要求的稳定性，各个时代强调的共同素质要坚持、保持。区别就是要体现我国当代社会发展对教育、对教师的特殊要求。在《标准及指导》中，我们努力体现《国家中长期教育改革和发展规划纲要（2010—2020 年）》中"育人为本、促进公平、提高质量"的要求，强调教师要落实素质教育的要求，强调培养全面发展、个性发展、可持续发展的人才培养要求，强调着力培养学生社会责任感、创新精神和实践能力的要求，也强调维护学生的身体和心理健康，加强安全教育的要求。

3. 结构上，坚持动静结合的思想

教师专业发展标准按照什么样的结构设计，是个重要的问题。如前所述，有两种思路，一种是按照教师素质的要素进行划分，一般分专业情意、专业知识、专业技能三方面，这种思路比较系统完整，内部逻辑性强，但静态性明显，与教师的教育教学实践结合得不紧，容易与教师的教育实践

脱节。另外一种是按照教师教育实践的逻辑进行设计，一般包括教学设计、教学实施、教学评价、教学反思等环节，这种思路综合性、实践性强，与教师的实践紧密结合，容易与教师的工作对接，但对教师的素质的规定线索不容易看出来，对教师的自我发展和教师培训的设计也有不利的地方。因此，《标准及指导》把专业基础与专业实践结合起来，取二者之长。当然，这种结合的方法也难免会出现一些交叉重复的现象，我们努力避免，注意从不同的角度进行阐述。

4. 层次上，体现分阶段的原则

终身学习是教师专业发展中最突出的特点。教师专业发展标准应该分阶段描述，体现不同阶段的不同要求，然后通过递进式培训、自主学习与实践等，帮助教师从低一级的发展阶段提升到高一级的发展阶段，这样标准就更具有指导性。

我们的研究提出六阶段，这就是从新手教师到合格教师的适应期、从合格教师到熟练教师的熟练期、从熟练教师到成熟教师的成熟期、从成熟教师到骨干教师的发展期、从骨干教师到专家教师的创造前期、从专家教师到教育家的创造后期，每个阶段有不同的发展特点与发展任务[①]。从大多数教师的实际考虑，也考虑教师发展阶段的连续性及发展阶段评价的复杂程度和难度，在标准制定时分阶段不宜过细，所以，我们把一二期整合成一个阶段、把四五期整合成一个阶段，保留第三阶段，去掉第六阶段，这样就构成三个过程。即"新手到熟练""熟练到成熟""成熟到卓越"。

(1)从新手到熟练。"新手"指新任教师，他们有一定的理论知识，但缺乏教学实际技能；"熟练"指熟练教师，他们有熟练的教学技能，对学生比较了解，较好地把握学科知识结构，但缺乏对学科思想方法的深度把握，以及对学生差异的把握。该阶段的发展任务主要是：学会分析教材内容，并逐渐把握学科知识体系；从初步了解学生，逐渐系统深入了解学生特点；初步掌握科学的教育方法和有效的教学技能，并逐渐熟练化。

(2)从熟练到成熟。"熟练"指熟练教师，"成熟"指成熟教师，他们对学科思想方法，学生差异有一定的把握，教学技艺成熟，但还没有形成自己

---

① 钟祖荣：《〈易经〉乾卦的过程思想与教师发展阶段理论》，载《北京教育学院学报》，2011(3)。

的教学特色和风格。该阶段的发展任务主要是：研究学科的本质和思想方法，深入了解并应对学生的差异，教学方法多样化、艺术化。

（3）从成熟到卓越。"成熟"指成熟教师，"卓越"指省市级骨干教师、学科带头人乃至特级教师，他们已形成自己的教学经验、思想和风格。该阶段的发展任务主要是：开展教育教学研究、改革、实验，总结反思教学经验、思想和风格并努力使之系统化。

"从新手到熟练"和"从熟练到成熟"两个阶段侧重给出教师素质的修炼过程中的要求，给出内容要点、操作要点和案例；"从成熟到卓越"阶段重点体现优秀教师多年修炼的效果，集中表现于对学生发展、学校组织发展和学科发展所产生的实际影响和作出的贡献。

5. 学科上，坚持分领域的原则

课题组首先研究教师专业发展的总标准，即一般标准；然后以此为框架，结合学科、领域的特殊性进行研究，体现学科和领域的特点。《标准及指导》按照语文、数学、英语、理科、社会科、体育、艺术、信息技术、技术与综合实践学科九个领域编制，解析不同领域教师专业发展的特点、重点和困惑点。分领域分学科的特点，集中体现在教师对各领域的专业知识、课程知识、教学设计等方面，体现出各自的特色。

6. 运用上，体现操作性的原则

教师专业发展标准是用于实践的，特别教师在制定专业发展规划、进行实践反思的过程中，要参考标准的要求。但标准的文字一般比较简明概括，其内涵如何理解，包含什么具体内容，如何操作，都需要比较具体的解释和说明。因此，我们没有停留在描述标准上，而是就标准的条文进行内容说明和操作要点的说明，以利于使用。

四、内容结构

1. 标准的四层结构

标准包括维度、关键表现领域、标准（条目）、结果指标四层。维度包括专业基础和专业实践两维度，专业基础是教师应该具备的师德素养、知识素养，强调的是素养、基础和静态的素质；专业实践是指教师的教育教学活动以及自我发展的实践（包括教学研究与专业发展），强调的是实践活动、实践能力和动态的素质。关键表现领域是两维度内容的细分，共计 4 个表现领域，即健全人格与职业道德、学科与教育教学专业知识、促进学生的学习与发展、教育教学研究与专业发展。标准（条目）又是对关键表现领域的细分，是比较概括的素质和行为表现，是标准的主体内容，共计 20 条一般标准，这些标准（条目）的描述尽量直接表达含义和意义，比如"关爱学生，教书育人""设计合理的教学方案"。结果指标是标准的进一步细化，是教师在特定发展阶段专业基础和专业实践的具体要求，一条标准既细化为若干具体的要求，又体现出程度上的差异。各学科、领域在结果指标的多少上有所差异，一般有 50 多条。

2. 指导的三项内容

为帮助教师理解和实践标准，发挥标准的作用，《标准及指导》强调"指导"的功能。指导是针对中小学教师而言的，是对中小学教师理解标准的指导、是对落实标准要求的行为指导、是对反思教学实践、规划自身发展的指导。指导包括内容要点、操作要点、举例说明。专业基础部分主要是内容要点，侧重在具体的条目的含义、要素、内容的解析上；而专业实践部分主要是操作要点，侧重在行为的指导上，诸如操作的程序、要求、策略。举例说明是对重点与难点的实例呈现和实例示范。

3. 三阶段递进结构

《标准及指导》强调发展性、阶段性，所以，无论是在标准框架与标准内容中，还是在指导要点部分，我们都按照三个阶段阐述。

三阶段结果指标的描述是有程度差异的。总体看，是呈现递进式的发展。这涉及教师专业发展的模式或规律问题，即教师的专业发展是否总是递进式，这是需要进一步深入研究的。根据目前的调查研究，我们认为，教师在不同的阶段有不同的任务、关注点和特点，这种关注点和任务的重心转移，反映递进的特点。当然，具体到每一位教师，就可能呈现出五彩缤纷的样式，从发展速度上说，有的素质可能发展很快，而有的素质可能发展缓慢，甚至长期处于平台水平；从发展水平看，有的素质可能能够达到很高水平，而有的素质只能达到较低水平；从人际差异看，可能有的整体素质发展水平高，有的部分素质发展水平高、部分素质发展水平低，有的可能整体素质发展水平不高。处于某个阶段的教师主要看本阶段的要求。

五、相关概念

在《标准及指导》中，涉及诸多概念，在指导要点中对其有具体的解释和说明，但有关学科与教育教学知识部分，有几个概念是通用的，故在前言部分加以解释。

1. 教师的学科知识

教师的学科知识，依据不同的组织方式划分，包括两类，一类是作为一门学科（discipline）的知识，是根据知识的逻辑体系组织的；另一类是学校教学中一门课程的知识（subject），是基于学生学习心理而组织的知识体系。

作为一门学科的知识包括两个层次：低层为必要的基础知识和学科技能；上层为学科特有的视角、核心概念和方法。

作为一门课程的知识，包括对课程功能、性质等的认识，课标教材范围知识的体系、课标教材范围的知识、知识的组织与呈现方式以及上位的核心概念等。

2. 学科知识与技能体系

学科知识与技能体系，即我们平常所说的基础知识和基本技能的内容框架（包括组成部分和连接方式）。学科知识和技能体系是最基本的内容，是每位教师必须把握的，一般在课程标准中给出。

3. 学科知识与技能的层级结构

知识结构是指一个人经过专门学习培训后所拥有的知识体系的构成情况与结合方式。合理的学科知识结构是有层级的，具有"上、下位关系"。学科的知识层级结构如图 1-1 所示。

跨学科主题，是指不同学科、不同领域中共同存在的主题，比如循环主题，在地理、生物、历史等学科中均存在。

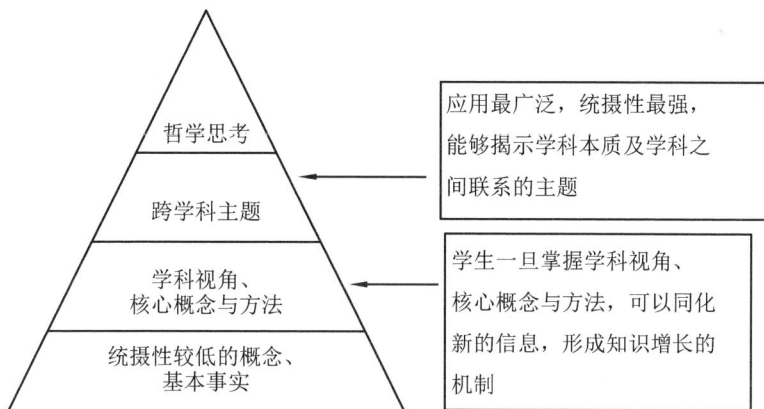

图 1-1　学科知识层级结构和作用示意图

核心概念（big idea），实际上是学科中一些基本的、重要的观点和观念，某个学科的核心概念是在众多的事件、事实、现象的基础上归纳、推理出来的结论，是对同一类问题本质特征的概括①。通常是用一个命题、判断构成的。教学中让学生掌握这种核心概念，可以提高学生的概括水平、解释水平、应用迁移能力。有学者说："在构思科学教育的目标时，在知识方面不是用一堆事实和理论，而是用趋向于核心概念的一个进展过程。""这些核心概念及进展过程可以帮助学生理解与他们在校以及离开学校以后的生活有关的一些事件和现象。""许多知识领域都是这样的：构成一个知识领域，是因为具有核心的知识、技能和态度。"②

4. 学科教学知识

学科教学知识（pedagogical content knowledge，简称 PCK）是舒尔曼 1986 年提出来的概念。他认为这种知识就是"对于一个人的学科领域中最一般的要教授的内容，表达那些概念的最有用的形式，最有效的比喻、说明、例子、解释以及演示——一句话，就是使人易于懂得该学科内容的表达和阐述方式"，它还包括"知道不同年龄和背景的学生在学习那些最经常教授的课题时已具有的一些日常概念和先入之见，这些日常概念和先入之

---

① California State Board of Education, *Science Education Framework*, 1998, pp. 28-32.

② ［美］温·哈伦：《科学教育的原则和大概念》，第 2 页，韦钰译，北京，科学普及出版社，2011。

见会使具体内容的学习变得容易或困难"。这种知识是学科知识在教学应用中的转换形式，是特定的内容与教学法的整合或转换，是教师独特的知识领域，是他们专业理解的特殊形式，具有个体性、综合性、实践性、情景性。这种知识对教学的效果具有重要的影响。如图 1-2 所示。

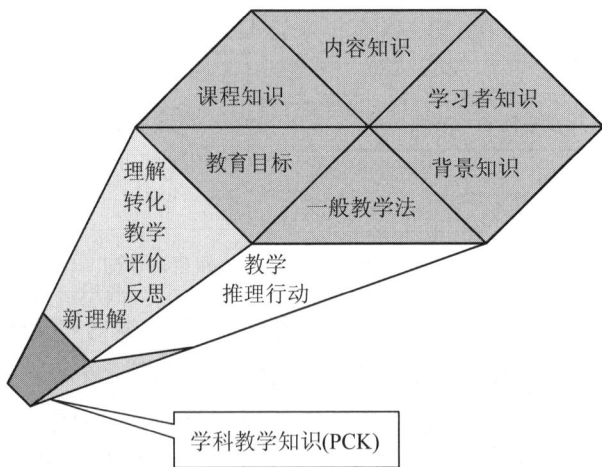

图 1-2　舒尔曼 PCK 结构图

1990 年格罗斯曼(Pamela L. Grossman)对 PCK 概念给予重要阐释，将PCK 解析为以下四部分：①一门学科的统领性观点(关于学科性质的知识和最有学习价值的知识)；②学生对于特定学习内容易理解和误解的知识(学生理解能力的知识)；③特定学习内容在横向和纵向上组织和结构的知识(课程知识和教材知识)；④将特定学习内容呈现给不同学生的策略知识(知识的结构设计)。如图 1-3 所示。

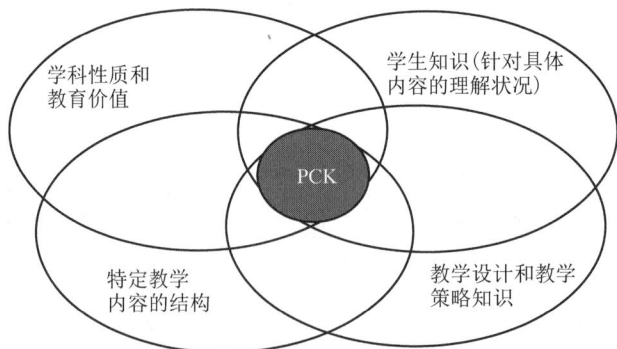

图 1-3　格罗斯曼 PCK 结构图

第二部分 技术与综合实践学科
教师专业发展标准

一、标准纲目

维度	领 域	标 准	结 果 指 标		
			新手到熟练	熟练到成熟	成熟到卓越
2	4	20	51	56	47
专业基础	领域一 健全人格与职业道德	1. 爱岗敬业，履职尽责	4	4	4
		2. 关爱学生，教书育人	3	3	3
		3. 为人师表，严谨治学	2	2	2
		4. 热爱生活，身心健康	4	4	4
	领域二 学科与教育教学专业知识	5. 关于学科的知识	1	2	2
		6. 关于学生的知识	1	2	2
		7. 关于课程的知识	2	2	2
		8. 关于教学的知识及学科教学知识	1	1	2
		9. 科学与人文素养	3	3	2
专业实践	领域三 促进学生的学习与发展	10. 创设良好的学习环境	1	1	1
		11. 设计合理的教学方案	6	6	5
		12. 实施有效的教学活动	3	3	4
		13. 培养良好的学习习惯与指导学生学会学习	2	3	2
		14. 开展多元的学习评价	2	3	2
		15. 促进有效的课堂管理	3	2	1
		16. 渗透思想品德教育与生活技能教育	2	1	1
		17. 实施积极的安全教育与健康教育	3	3	1
	领域四 教育教学研究与专业发展	18. 教育教学反思与行动研究	3	4	3
		19. 团结协作与经验分享	2	3	2
		20. 终身学习与持续发展	3	4	2

二、标准框架

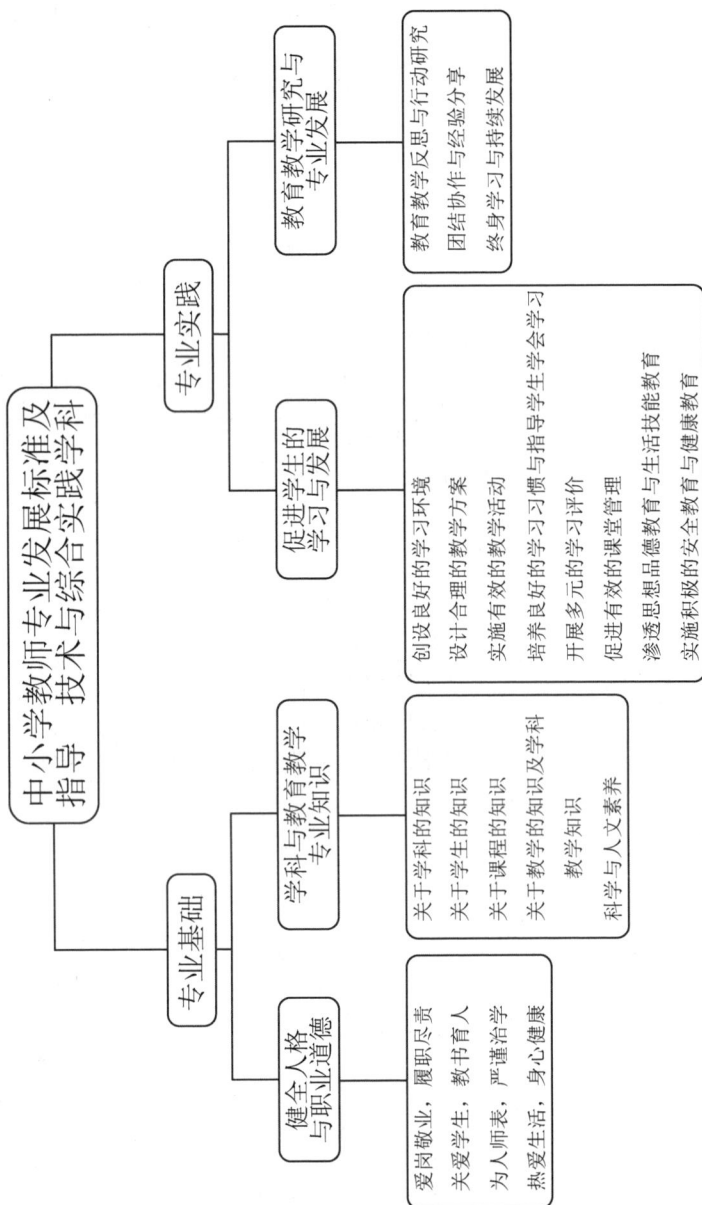

三、标准内容

维度一 专业基础

领域一 健全人格与职业道德

标准	结果指标		
	从新手到熟练	从熟练到成熟	从成熟到卓越
1. 爱岗敬业，履行教师职责	1.1 愿意从事教育事业。 1.2 了解并遵守教育法律法规，了解教育方针政策。 1.3 明确教师职责。 1.4 有责任意识。	1.1 热爱教育事业。 1.2 自觉遵守教育法律法规，理解教育方针政策。 1.3 认真履行教师职责。 1.4 具有责任感。	1.1 挚爱教育事业，全身心致力于学生的学习和发展。 1.2 自觉贯彻执行教育法律法规，自觉贯彻执行教育方针政策。 1.3 出色履行教师职责，具有高度的责任感和奉献精神。 1.4 有强烈的事业心和教育理想与抱负。
2. 关爱学生，教书育人	2.1 关心学生。 2.2 平等公正地对待学生。 2.3 引导学生遵守学生守则，明辨是非。	2.1 热爱学生。 2.2 平等公正地对待每一位学生，尊重学生人格。 2.3 引导学生树立正确的人生观和价值观。	2.1 热爱并关注每一位学生，平等公正地对待每一位学生。 2.2 培养学生的健全人格，引导学生树立正确的人生观和价值观，能以行为诠释教师的导师作用。 2.3 着眼于学生健康成长的素质提升、潜能发挥与可持续发展。

15

续表

标 准	结 果 指 标		
	从新手到熟练	从熟练到成熟	从成熟到卓越
3. 为人师表，严谨治学	3.1 遵纪守法，以身作则。 3.2 努力钻研，熟悉业务。	3.1 遵纪守法，作风正派，公正廉洁，以身作则。 3.2 树立优良学风，刻苦钻研业务，不断学习新知识，改进教育教学方法，提高教育教学水平。	3.1 遵纪守法，作风正派，公正廉洁，以身作则。 3.2 具有对教育问题的宏观把握和批判性思维，问题意识与创新意识强，努力探索教育教学规律。
4. 热爱生活，身心健康	4.1 积极锻炼身体，增进身体健康。 4.2 积极乐观，具有爱心和正义感。 4.3 能够正确对待困难和挫折。 4.4 具有良好的生活情趣，培养一种有益身心健康的兴趣爱好。	4.1 积极锻炼身体，增进身体健康，合理分配精力，保持充沛的活力。 4.2 积极乐观，善良宽容，具有爱心、同情心和正义感。 4.3 能够正确对待困难和挫折，善于自我调节。 4.4 具有良好的生活情趣，至少培养一种有益身心健康的兴趣爱好。	4.1 关爱自己的身体，保持身体健康，合理分配精力。 4.2 具有积极向上的态度，强烈感染学生和周围的人。 4.3 能够正确从容地对待困难和挫折，善于自我调节。 4.4 具有高尚的情操和审美情趣。

领域二　学科与教育教学专业知识

标　准	结　果　指　标		
	从新手到熟练	从熟练到成熟	从成熟到卓越
5. 关于学科的知识	5.1 掌握任教学科、学段的课程标准以及相关文件中明确规定的学科知识。	5.1 掌握任教学科的知识技能体系和思想方法；能够描述学科知识的层级结构。 5.2 了解任教学科与其他学科以及生活实践、社会发展之间的联系，能有意识地在教学中渗透。	5.1 具有多学科知识并能很好地融通起来，能够整体把握学科体系，具有动态调整知识结构的意识。 5.2 能够在教学中融入教学学科的发展简史、关注学科的前沿成果，能恰当地整合在教学中。
6. 关于学生的知识	6.1 了解发展心理学、教育心理学关于学生的知识，具有将其应用于学科教学的意识。	6.1 了解发展心理学、教育心理学以及其他相关学科关于学生的知识，并能初步用于学科教学和学生管理中。 6.2 了解学生身心发展的特点和学习规律。	6.1 深谙发展心理学、教育心理学及其他相关学科关于学生的知识，能灵活有效地运用于学科教学和学生管理中。 6.2 掌握学生身心发展的特点和学习规律；掌握学习策略、学习习惯的相关知识，对学生进行有针对性的指导。

续表

标 准	结 果 指 标		
	从新手到熟练	从熟练到成熟	从成熟到卓越
7. 关于课程的知识	7.1 了解任教学科课程的性质、目标、内容、课程组织、课程评价等知识。 7.2 理解课程改革提出的理念，努力实践课程改革倡导的价值与行为。	7.1 理解任教学科课程的性质、目标、内容、课程组织、课程评价等知识。 7.2 理解课程改革提出的理念，知道如何实践课程改革倡导的价值与行为。	7.1 深谙课程改革的基本理念和本课程在学生发展中的意义。 7.2 具有丰富的任教学科课程设计、课程实施、课程资源、课程评价等方面的知识。
8. 关于教学的知识及学科教学知识	8.1 了解有关教学目标、内容、过程、原则和方法，组织和管理及评价等方面的知识，并知道其适用范围。	8.1 掌握有关教学目标、内容、过程、原则和方法，组织和管理及评价等方面的知识，并知道如何运用。	8.1 准确把握和运用有关教学目标、内容、过程、原则和方法，组织和管理、教学经验等方面的知识、教学经验等丰富。 8.2 积累了丰富的教学案例，深谙如何基于学生的情况选择恰当现学科知识结构，能够在教学中呈现学科统领性概念、渗透学科统领性概念。

续表

标　准	结　果　指　标		
	从新手到熟练	从熟练到成熟	从成熟到卓越
9. 科学与人文素养	9.1 了解祖国的历史和文化，有传承中华优秀文化的意识。 9.2 掌握基本的科学技术知识及方法，理解科学、技术与社会的关系。 9.3 具有较强的信息的获取、评价、处理、使用信息的能力。	9.1 熟知祖国的历史和文化，有传承中华优秀文化的意识和行动，具有国际视野。 9.2 掌握丰富的科学技术知识及方法，深刻理解科学、技术与社会的关系。 9.3 具有较高的信息素养。	9.1 深谙中华优秀文化，对其他文化具有选择性吸收和转化的能力。 9.2 根据学科的特点，指导学科的科学习方法，帮助学生发展学科思想、科学态度和科学精神。

维度二　专业实践

领域三　促进学生的学习与发展

标　准	结　果　指　标		
	从新手到熟练	从熟练到成熟	从成熟到卓越
10. 创设良好的学习环境	10.1 建立良好的师生关系，创设安全的学习环境和友爱互助的学习氛围。	10.1 建立和谐的师生关系，创设安全的学习环境和民主的学习氛围，鼓励学生积极思考。	10.1 根据学科特点和学生实际，创设能够满足学生学习需要，促进学生发展的物理环境和学习氛围。

标　准	结　果　指　标		
	从新手到熟练	从熟练到成熟	从成熟到卓越
11. 设计合理的教学方案	11.1 能够基于学科课程标准、学习内容和初步的学情分析、确定教学目标并初步正确表述。	11.1 能够基于学科课程标准、学习内容和学情分析，确定具体而准确的教学目标并准确表述。	11.1 整合多元教学目标，不仅关注学生获得知识，提高认知能力，还关注培养学生的责任感与非智力因素。
	11.2 能够正确把握教材内容，学会分析教材，确定学习重点。	11.2 能够准确把握教材的基本内容及其联系，善于挖掘教学内容在学生发展中的价值，确定学习重点。	11.2 根据学生认知发展规律，整体安排学段教学进程和创造性地设计教学单元，能够进行教学设计背后的学理分析。
	11.3 能够从学生已有的知识基础和生活经验出发、确定学习难点。	11.3 能够准确地确定学习难点，并有效突破难点。	11.3 深谙不同类型知识的学习策略，具有丰富、系统且具有创造性的教学策略，在教学设计中运用智慧优化教学过程。
	11.4 能够依据教学目标设计合理的教学进程。	11.4 能够依据教学目标和内容设计具有逻辑性的教学流程。	11.4 能够针对个体差异设计不同层次的评价。
	11.5 能够根据教学目标设计评价方式。	11.5 能够根据教学目标设计合理的评价方式。	11.5 能够提供恰当而丰富的学习资源，以促进学生理解。
	11.6 能够提供一定的学习资源。	11.6 能够提供相应的学习资源。	

续表

标　准	结　果　指　标		
	从新手到熟练	从熟练到成熟	从成熟到卓越
12. 实施有效的教学活动	12.1 能够吸引学生注意力,激发学生学习兴趣。 12.2 能够合理安排教学时间,完成预定的教学任务。 12.3 能够适当地采取互动的形式组织教学。	12.1 能够引导学生积极参与学习活动。 12.2 能够合理安排教学时间,运用恰当的教学策略,突出学习重点,突破难点。 12.3 根据教学内容,选择恰当的互动形式组织教学,及时处理课堂上的突发事件。	12.1 课堂教学富有激情,学生被教师对本学科的执着所打动,形成持久的学习动力。 12.2 具有良好的教学决策能力,能根据学生学习情况灵活调整教学,学生感受到学习效率高。 12.3 能够高度关注学生的学习表现,敏锐捕捉教学中关键问题,灵活处理生成性问题。 12.4 关注研究学生个体差异,因材施教,学生感受到教师的关心、理解和经常给予的帮助。
13. 培养良好的学习习惯与指导学生学会学习	13.1 认识到一般学习习惯的重要性,注意培养学生的习惯。 13.2 掌握一定的学习策略,注意教给学生学习策略。 13.3 能够教给学生学习方法。	13.1 在课堂教学与课外指导中,高度重视、坚持不懈地培养学生良好的学习习惯。 13.2 指导学生习得自主、合作、探究的学习方式。 13.3 熟悉多种学习策略,能够进行策略性知识的教学。	13.1 掌握多种策略性知识,有计划地进行策略性知识的教学,学生能够感受到在教师的指导下,逐渐形成有效的学习策略。 13.2 注意培养学生的问题意识、创新思维能力和实践能力,使学生感受到处于追求新目标和解决更高层次的问题中。

21

续表

标 准	结 果 指 标		
	从新手到熟练	从熟练到成熟	从成熟到卓越
14. 开展多元的学习评价	14.1 具有引导学生参与评价的意识。 14.2 关注学生的学习效果。	14.1 能够指导学生进行自评。 14.2 能合理评价学生的学习过程。 14.3 能够采用合理的方法检测学生的学习效果。	14.1 在评价主体、内容、方式和结果上都体现了多元的思想，学生感受到评价促进了自己的发展。 14.2 善于运用评价结果，给学生的学习提出合理的建议，使学生乐于接受和运用教师的建议。
15. 促进有效的课堂管理	15.1 能够维持正常的课堂教学秩序，完成教学任务。 15.2 合理调控课堂的时间与节奏。 15.3 合理调控教学内容的走向。	15.1 能够根据班级实际状况，运用有效的方法组织教学，顺利完成教学任务。 15.2 根据信息反馈灵活调整教学内容和进程。	15.1 善于运用科学而灵活的方法组织课堂教学，善于调动学生的积极性，开展各种和组织形式的教学，使学生感到自我管理能力与合作能力逐渐提高。
16. 渗透思想品德教育与生活技能教育	16.1 渗透思想品德教育。 16.2 学习、掌握生活技能教育的知识和方法，具有培养学生生活技能的意识。	16.1 能够深入领会思想品德教育和生活技能教育的知识和方法，并在教学中渗透。	16.1 结合学科内容和学生实际，主动采取恰当、多样、有效的方式进行思想品德教育和生活技能教育，使学生感受到思想品德和生活技能的收获。

续表

标　准	结　果　指　标		从成熟到卓越
	从新手到熟练	从熟练到成熟	
17. 实施积极的安全健康与教育教育	17.1 关心学生的身体健康，鼓励学生积极锻炼身体。 17.2 具有关注学生心理健康意识。 17.3 在学生的人身安全方面有责任意识，遇有突发事件时有救助学生。	17.1 了解促进学生心理健康的知识和方法；关心学生的身体健康，鼓励学生积极锻炼身体。 17.2 引导学生树立自我保护的意识，提升自我保护的能力。 17.3 对学生的人身安全、网络信息安全，用电设备安全有高度的责任感，遇有突发事件时，积极采取有效措施救助学生。	17.1 对学生的人身安全有高度的责任感，健康教育以预防为主的安全教育，为有需要的学生提供支持和帮助。

领域四　教育教学研究与专业发展

标　准	结　果　指　标		从成熟到卓越
	从新手到熟练	从熟练到成熟	
18. 教育教学反思与行动研究	18.1 经常有意识地反思自己的教学，形成教学反思习惯。 18.2 具有问题意识，能够把工作中遇到的问题进行梳理或转化为研究专题。 18.3 学习确立课题与实施的基本方法。	18.1 变经验性教学为反思性教学，提升教学实践的合理性。 18.2 能够根据专题，进行初步研究。 18.3 尝试使用观察法、调查法、文献法、案例法、叙事研究和经验总结法等教育科研方法。 18.4 了解研究成果的表现方法。	18.1 能够研究并积累不同类型的课例，在不断地反思中主动探索教学规律、思维敏锐，具有分析性思考和概念性思考的能力。 18.2 善于提出并解决教育教学中的重要问题，开展教育教学改革实验，深入研究教育教学规律，形成独特的教学风格。 18.3 注重研究成果的形成，能够在学术刊物上发表研究论文或出版专著，使研究成果具有更广泛的辐射作用，并使成果得到同行的关注、讨论和认可。

续表

标　准	结　果　指　标		
	从新手到熟练	从熟练到成熟	从成熟到卓越
19. 团结协作与经验分享	19.1 具有团队合作意识。 19.2 积极参加研修活动，虚心求教。	19.1 能够把个人发展目标与学校发展目标相结合。 19.2 善于发现和学习他人的优点，能够换位思考，主动提供自己的经验。 19.3 具有通过合作解决问题的意识。	19.1 把自己的经验结构化，形成可以传递的知识形态；引领团队的专业研修活动，团队成员能够受到启发并产生把研修结果运用到工作的动机。 19.2 作为专业领域的领军人物，在专业学会和广大教师中发挥引领作用。
20. 终身学习与持续发展	20.1 养成读书和独立思考的习惯。 20.2 具有探索和研究的意识，积极吸收新理念、新方法。 20.3 具有优化和提升自我专业素养的意识，按要求参加学习和进修。	20.1 保持学习和反思的习惯。 20.2 对发现的教学问题进行探索和研究。 20.3 积极参加校本研修活动及各级各类教师培训。 20.4 注意在日常教学实践中提升自己的专业素养。	20.1 始终保持学习的热情，具有高度的职业敏感性。 20.2 不断给自己规划更高的职业目标，行走在能力的极限上，促进知能持续发展。

第三部分　指导要点

一、从新手到熟练

维度一　专业基础

领域一　健全人格与职业道德

标　准	结　果　指　标
1. 爱岗敬业，履职尽责	1.1 愿意从事教育事业。 1.2 了解并遵守教育法律法规，了解教育方针政策。 1.3 明确教师职责。 1.4 有责任意识。

1.1　愿意从事教育事业。

【内容要点】

有朴素的情怀，喜欢孩子，喜欢课堂，愿意从事教育事业，能认识到教育对于社会进步和学生终身发展的重要意义。

作为社会的一员，能够清醒地认识到自己的言行代表着教师群体，始终注意其产生的社会影响。作为一名人民教师，为人处世、治学态度、行为习惯及服饰仪表，一言一行、一举一动都会直接对学生产生影响，对学生发展起到极为重要的作用。

1.2　了解并遵守教育法律法规，了解教育方针政策。

【内容要点】

教师应了解的与教育教学工作相关的法律法规，例如：

《中华人民共和国教育法》，1995 年制定，9 月 1 日起施行。

《中华人民共和国教师法》，1993 年制定，1994 年 1 月起施行。

《中华人民共和国未成年人保护法》，2006 年修订通过，2007 年 6 月 1

日起施行。

教师应了解的重要教育方针政策，例如：

《基础教育课程改革纲要(试行)》，2001 年颁布。

《国家中长期教育改革和发展规划纲要(2010－2020 年)》，2010 年
颁布。

1.3 明确教师职责。

【内容要点】

按照教师法的界定，教师的身份为"履行教育教学职责的专业人员"。
其总的职责应该归结为教书育人，具体可见下面几条：

(1)遵守宪法、法律和职业道德，为人师表。

(2)贯彻国家的教育方针，遵守规章制度，执行学校的教学计划，履行
教师聘约，完成教育教学工作任务。

(3)对学生进行宪法所确定的基本原则的教育和爱国主义、民族团结的
教育，法制教育以及思想品德、文化、科学技术教育，组织、带领学生开
展有益的社会活动。

(4)关心、爱护全体学生，尊重学生人格，促进学生在品德、智力、体
质等方面全面发展。

(5)制止有害于学生的行为或者其他侵犯学生合法权益的行为，批评和
抵制有害于学生健康成长的现象。

(6)不断提高思想政治觉悟和教育教学业务水平。

1.4 有责任意识。

【内容要点】

明确教师的角色定位，明确教师对自己和他人、集体和家庭、国家和
社会所应承担的义务，在履行义务的过程中获得正确的情感体验。

标　准	结　果　指　标
2. 关爱学生，教书育人	2.1 关心学生。 2.2 平等公正地对待学生。 2.3 引导学生遵守学生守则，明辨是非。

2.1 关心学生。

【内容要点】

关心学生是教师职业道德的基本要求，要不断更新教育观念，树立人人成才观念。要坚持以学生为本的教育，面向全体学生，促进学生成长、成才。要有意识地从学生的学习、安全教育，健康教育、思想教育等方面关心学生。具体如下：

（1）关心学生的思想和生活，利用课余时间接触学生，了解学生想什么、需要什么。

（2）关心学生的学习，发现和重视学生在学习中的优点和困难，想办法让每个学生都在原来的基础上提高，并使周围的学生和家长认同学生的提高，增强学生对学习的信心。

2.2 平等公正地对待学生。

【内容要点】

在教育实践中，落实平等意味着将"一视同仁"和"因材施教"进行结合。不仅使学生得到人格上的尊重，而且使每个学生都得到合适的发展。

2.3 引导学生遵守学生守则，明辨是非。

【内容要点】

（1）教师要在日常的教育活动和师生交往中，帮助学生完成从他律到自律的转化，提高学生自我教育的能力。

（2）教师要帮助学生了解并熟悉学生守则，让学生在身边熟悉的事例中体会学生守则。

（3）教师要在平时的交往中帮助学生建立正确的是非观念。

（4）教师要通过主题班会或其他主题活动帮助学生明辨是非。

（5）教师还要在师生交往中及时发现学生的错误并及时纠正错误。

标　准	结　果　指　标
3. 为人师表，严谨治学	3.1 遵纪守法，以身作则。 3.2 努力钻研，熟悉业务。

3.1 遵纪守法，以身作则。

【内容要点】

熟知主要教育法律法规的基本内容与要求，了解学校的规章制度，能以有关具体规范为准，进行自我监督、自我约束。在学校各项工作中，能有效调控自己的教育教学言行，不超越法规的底线要求。

3.2 努力钻研，熟悉业务。

【内容要点】

熟知专业规范，包括课堂教学与课堂管理的规范，班主任工作的基本内容与班级管理的基本要求，以及学校工作的其他专业规范，掌握教师的基本工作技能。对于教育教学及其管理工作中出现的常见问题，能借助于专业理论的指导，迅速诊断，并灵活有效地予以解决。

标　准	结　果　指　标
4. 热爱生活，身心健康	4.1 积极锻炼身体，增进身体健康。 4.2 积极乐观，具有爱心、同情心和正义感。 4.3 能够正确对待困难和挫折。 4.4 具有良好的生活情趣，争取培养一种有益身心健康的兴趣爱好。

4.1 积极锻炼身体，增进身体健康。

【内容要点】

要遵循自觉性、经常性、循序渐进、适量性的基本原则增进身体健康。

(1)认识健康对人的生活和工作的意义，理解锻炼对健康的价值。

(2)初步养成科学饮食、定时锻炼和定期体检的习惯。

(3)保持充足的体力和旺盛的精力。

4.2 积极乐观，具有爱心、同情心和正义感。

【内容要点】

(1)积极乐观。理解个人与他人、个人与集体、个人与社会以及个人与工作和生活的关系，常怀自律之心、感恩之心、奉献之心和平常之心；对未来充满希望，对自己有信心，对他人多关心，对组织与事业比较认同。

（2）爱心。拥有仁慈之心，善待弱小者。以对学生为例，爱心体现在尊重学生的人格，相信学生的发展潜力和成长的力量，平等地对待每一位学生，能够理解与宽容学生，关心与关爱学生，使学生能够享受爱的滋养，实现快乐成长。

（3）同情心。对弱小者有所觉察、理解，并能够产生情感共鸣；能够给予弱小者帮助。以学生为例，关爱和帮助成长中的学生，让学生体验同情心；引导学生爱护与帮助弱小者，使学生富有同情心。

（4）正义感。具有追求正义、伸张正义的道德意识和道德情感；处理事情合情合理，为人正直正义；尊重和遵守制度、规则和程序；不伤害他人、不侵犯他人的基本权利；遇到不公平的事情敢于直言，主持正义。

4.3 能够正确对待困难和挫折。

【内容要点】

正确对待困难和挫折包括：

（1）能够理解困难与挫折乃是人生常事，而且能够认识到，克服困难、经历挫折可以培养人的意志、勇气，锻炼人的能力。

（2）遇到困难，能够寻找困难存在的主客观原因，厘清解决困难的思路，选择解决问题的方法，较好地解决困难。

（3）面对挫折，能够不怨天尤人，并具有较大的信心和勇气迎接挫折，朝着既定的目标，加倍努力；同时，了解一些宣泄方法，以舒缓压力，寻求帮助。

4.4 具有良好的生活情趣，争取培养一种有益身心健康的兴趣爱好。

【内容要点】

现代社会生活是丰富多彩、多元多维的。教师应有意识地充实自己，追求有情趣、有品位的生活，开阔视野，陶冶情操。

（1）能够认识生活情趣的含义，了解良好的生活情趣对身心调节和对工作促进的价值。

（2）争取培养一种有益身心健康的兴趣爱好，或者是打球、游泳、跑步、下棋、登山、散步等体育类活动；或者是唱歌、弹（拉）琴、绘画、吟诗、跳舞等艺术类活动；抑或是养花、喂鸟、钓鱼、摄影、旅游、烹调等生活类活动。

领域二　学科与教育教学专业知识

标　　准	结　果　指　标
5. 关于学科的知识	5.1 掌握任教学科、学段的课程标准以及相关文件中明确规定的学科知识。

5.1　掌握任教学科、学段的课程标准以及相关文件中明确规定的学科知识。

【内容要点】

中小学综合实践活动课程

综合实践活动是国家设置、由地方和学校根据实际开发的课程领域。综合实践活动课程属于实践性课程，不以学习系统知识为主，学习形式以自主实践活动为主。

《基础教育课程改革纲要（试行）》指出，从小学至高中设置综合实践活动并作为必修课程，其内容主要包括：信息技术教育、研究性学习、社区服务与社会实践以及劳动与技术教育。教师应学习、了解这几个领域的相关内容及活动方式，初步掌握带领学生开展实践活动的方法和一般步骤，围绕"亲近与探索自然、体验与融入社会、认识与完善自我"[①]三条线索组织学生选择课题、开展研究性学习，完成上述领域的实践活动内容。

小学劳动技术课程

小学 3～6 年级劳动技术教育内容主要包括初级技术、家政、职业了解等方面。其中，初级技术主要是使学生通过初步的技术学习形成包括材料认识、工具使用、简单设计、简易制作、简单评价等在内的基础能力。其内容包括纸塑、手缝、泥塑、小木工、小金工、种植、饲养、编织、电子制作等项目。

初中劳动技术课程

初中劳动技术教育内容包括技术基础、家政和职业引导等方面。技术基础包括传统工艺、基本技术等内容。传统工艺包括印章、雕刻、陶艺、

---

① 北京市教委德育处，北京教科院基教研中心编：《北京市中小学综合实践活动教师指导手册》，2009。

编织、刺绣等；基本技术包括木工、金工、电子电工、简单机械维修、农机具使用与维修、缝纫、农作物栽培技术、花卉栽培、摄影、养殖技术、农副产品贮藏和加工、农作物良种繁育、树木种植等。家政包括营养与烹饪、家用电器使用与保养、家庭理财与购物等。

高中通用技术课程

《普通高中技术课程标准(实验)》中指出，通用技术课程包括两个必修模块和七个选修模块，选修模块与选修模块之间，选修模块与必修模块之间具有一定的独立性。通用技术必修模块要求的基本知识和技能有：

(1)技术及其性质，如技术的内涵、技术与设计的关系、技术对个人生活、经济、社会、环境、伦理道德等方面的影响，专利的作用、有关规定和申请办法。

(2)设计的一般过程，包括发现与明确问题、制订设计方案的方法，模型与原型制作、方案优化的知识与能力，以及编写使用说明的知识等。

(3)设计的表达与交流，包括识读一般的机械加工图、线路图、效果图等常见的技术图样，绘制草图和三视图。

(4)技术的评价相关知识。

(5)结构的强度、稳定性等知识。

(6)流程概念、分析、优化的知识和能力。

(7)系统的基本特征、系统分析和优化的基本方法。

(8)控制系统的基本知识，如开环、闭环控制系统的组成和工作过程，框图表示，干扰因素的分析和抑制等。

标　准	结果指标
6. 关于学生的知识	6.1 了解发展心理学、教育心理学关于学生的知识，具有将其应用于学科教学的意识。

6.1　了解发展心理学、教育心理学关于学生的知识，具有将其应用于学科教学的意识。

【内容要点】

(1)发展心理学在中小学教学中的应用。

了解儿童发展心理学的基本主题，初步建构儿童心理发展的思考框架；了解儿童心理发展阶段特征以及制约儿童心理发展的因素；了解儿童发展心理学的基本理论，主要有：皮亚杰的"认知发展理论"、埃里克森的"心理社会发展理论"、华生的"行为主义理论"、维果茨基提出的"最近发展区"观点等，并能从儿童心理发展的视角观察、分析和解决中小学生成长中的问题；能根据中小学生的心理发展特点，初步实施发展性教学。

（2）教育心理学在中小学教学中的应用。

了解教学情境中"学与教"互动过程特点；了解行为主义学习理论、认知派学习理论以及人本主义学习理论的基本观点及其局限性。了解建构主义理论的基本观点，并尝试应用于教学和指导学生的学习；了解学生学习的实质、类型、学习过程和个体差异；了解学生知识的获得和技能形成以及态度与品德形成的心理过程、影响条件等，并能指导教学；了解学习动机理论，能有意识地激发学生的学习兴趣，关注学习迁移能力的生成以及学生良好品德行为的形成。

标　　准	结　果　指　标
7. 关于课程的知识	7.1 了解任教学科课程的性质、目标、内容、课程组织、课程评价等知识。 7.2 理解课程改革提出的理念，努力实践课程改革倡导的价值与行为。

7.1　了解任教学科课程的性质、目标、内容、课程组织、课程评价等知识。

【内容要点】

中小学综合实践活动课程

综合实践活动课程是国家《基础教育课程改革纲要（试行）》中规定的义务教育阶段及普通高中阶段每个学生的必修课程，它不是其他学科课程的补充与延伸，更不是学科课程的附庸，它具有独特的功能和价值取向，是由国家规定、地方指导、校本实施的国家课程。综合实践活动是基于学生的直接经验、密切联系学生自身生活和社会生活、体现对知识的综合运用的实践性课程。因此，教师要带领学生发现问题、提出问题，综合运用学科课程所学的知识解决问题，以达到培养能力、提高兴趣、发展自我的教育目的。

《综合实践活动指导纲要》确定了综合实践活动的总目标："密切学生与生活的联系，推进学生对自然、社会和自我之内在联系的整体认识与体验，发展学生的创新能力、实践能力以及良好的个性品质。"

综合实践活动主张采用"自我参照"标准，引导学生对自己在综合实践活动中的各种表现进行"自我反思性评价"，强调师生之间、学生同伴之间对彼此的个性化的表现进行评定、进行鉴赏。

中小学劳动技术课程

劳动与技术教育课程是以学生获得积极的劳动体验，形成良好技术素养为基本目标，以操作性学习为特征的国家指定性学习领域。

课程安排的内容分为基础性内容和拓展性内容。基础性内容是对学生进行劳动与技术教育的基础，是必修内容。拓展性内容在广度和深度上均有一定的发展，同时对实施条件也有相对较高的要求，是为部分地区、学校和学生在实现基本目标的基础上达到较高要求而提供的选择性内容。各地区、各学校根据实际情况在上述指定内容中确定具体项目，同时适当补充具有地方特色的技术学习内容。根据年级的不同，教育内容的安排应有所侧重。

劳动与技术教育课程的实施以学生参与典型经历活动为主要形式。课程实施应根据学生的特点，活动设计注重综合性，活动组织体现科学性，注重教育结果的实效性。

劳动与技术学习的评价以发展性评价、激励性评价为根本宗旨。评价内容主要有：劳动态度与劳动习惯、知识的学习及其应用、设计与操作技能、实践与创造能力、学习的成果质量等。在全面评价的同时，尤其要注意学生的态度与习惯、学生的技术意识形成等方面的评价。评价中可采取自我评价、相互评价、小组评价、班级评价等多种方式。要吸引教师、家长以及其他人员积极参与评价工作。

高中通用技术课程

普通高中技术课程是与九年义务教育中的信息技术教育和劳动与技术教育相衔接，以提高学生的技术素养为主旨，以设计学习、操作学习为主要特征的基础教育课程，是国家规定的普通高中学生的必修课程。

本课程以提高学生的技术素养、促进学生全面而富有个性的发展为目标。通用技术课程分为必修和选修两个部分。必修包括技术与设计1和技术与设计 2 两个模块，选修包括电子控制技术、建筑及其设计、简易机器人制作、现代农业技术、家政与生活技术、服装及其设计、汽车驾驶与保养共七个模块。

在课程组织实施上应该注意把握基础性、体现创新性和立足实践性，要根据课程资源，分析需求和可能的困难，分析学校和学生的实际基础，制定出科学合理的模块课时安排。

在课程评价上应坚持评价的激励、诊断和发展功能，关注过程评价与结果评价相结合、全面评价与单项评价相结合、阶段性评价与日常性评价相结合的原则；要发挥不同评价主体在评价中的作用，评价要体现本课程的基本理念、课程目标和内容标准。[①]

7.2　理解课程改革提出的理念，努力实践课程改革倡导的价值与行为。

【内容要点】

了解课程改革倡导的理念，理解这些理念并尝试在教学中实践。例如，课程改革认同建构主义学习观，倡导教学应关注学生的学习过程。教师应能够知道学习是学习者积极地建构知识的过程，只有当学生真正参与到课堂中来，主动构建自己的知识框架，才能实现有效的学习。

中小学综合实践活动课程

综合实践活动课程的开发与实施基于如下基本理念：

(1)坚持学生的自主选择和主动参与，发展学生的创新精神和实践能力。

(2)面向学生完整的生活领域，为学生提供开放的个性发展空间。

(3)注重学生的亲身体验和积极实践，促进学习方式的变革。

中小学劳动技术课程

《3～6 年级劳动与技术教育实施指南》指出，劳动与技术教育的课程实施和开发中，应遵循以下基本理念：

(1)在动手与动脑的紧密结合中促进学生技术素养的形成。

---

① 参见普通高中技术课程标准研制组：《普通高中技术课程标准(实验)解读》，武汉，湖北教育出版社，2004。

(2)用作品引导学生的劳动与技术学习活动。

(3)逐步增加劳动与技术教育中的技术含量。

(4)拓展学生的劳动与技术学习经历，追求工具价值与发展价值的统一。

《7～9年级劳动与技术教育实施指南》指出，劳动与技术教育的课程实施和开发中，应遵循以下基本理念：

(1)在操作活动中进行技术探究和技术学习。

(2)以项目为载体组织劳动与技术教育活动。

(3)立足学生所处的现实世界，注重教育内容的生活取向。

(4)劳动与技术教育既是已有知识的综合运用，也是新的知识与能力的综合学习。

高中通用技术课程

通用技术课程基本理念包括：

(1)关注全体学生的发展，着力提高学生的技术素养。

(2)注重学生创造潜能的开发，加强学生实践能力的培养。

(3)立足科学、技术、社会的视野，加强人文素养的教育。

(4)紧密联系学生的生活实际，努力反映先进技术和先进文化。

(5)丰富学生的学习过程，倡导学习方式的多样化。

标　准	结　果　指　标
8. 关于教学的知识及学科教学知识	8.1 了解有关教学目标、内容、过程、原则和方法、组织和管理及评价等方面的知识，并知道其适用范围。

8.1　了解有关教学目标、内容、过程、原则和方法、组织和管理及评价等方面的知识，并知道其适用范围。

【内容要点】

教学目标、内容、过程、原则、方法、组织和管理及评价是实施教学的基本要素，是教学论的基本内容，是这一阶段教师必须了解的基本知识。

教学目标是教学活动实施的方向和预期要达成的结果，是一切教学活动的起点和归宿。教学目标是教学与学习活动追求的方向与结果，是教学设计的核心，制约着整个教学过程，是学习效果评价的依据，是师生共同努力的动力，是社会发展需求在教学活动中的体现。

教学评价是依据教学目标对教学过程及结果进行价值判断并为教学决策服务的活动，是研究教师的教和学生的学的价值的过程。教学评价一般包括对学生学习效果的评价和教师教学工作过程的评价。

标　准	结 果 指 标
9. 科学与人文素养	9.1 了解祖国的历史和文化，有传承中华优秀文化的意识。 9.2 掌握基本的科学技术知识及方法，理解科学、技术与社会的关系。 9.3 具有较强的获取、评价、处理、使用信息的能力。

9.1　了解祖国的历史和文化，有传承中华优秀文化的意识。

【内容要点】

技术与综合实践学科教师[①]应了解祖国的历史文化。我国的历史和文化源远流长，传统文化是中华文明演化而汇集成的一种反映民族特质和人文精神的民族文化，是历史上各种思想文化、观念形态的总体表征，是指居住在中国地域内的中华民族及其祖先所创造的、为中华民族世世代代所继承发展的、具有鲜明民族特色的、历史悠久、内涵博大精深、传统优良的文化。它包括中国古代的哲学、历史、医学、武学、文学、艺术、科学技术等，以及中华民族和中国文化在发生、演化历史过程中形成的共同的思维方式、道德规范、价值观念、审美情趣、行为准则和风俗习惯等。

技术与综合实践学科教师应了解学校的历史及发展变化脉络，了解地方的历史、文化、民俗、社会风尚等人文知识，要了解乡土教材、地方课程教材、校本课程与综合实践活动、劳动技术等课程的关系，并从中挖掘综合实践活动的主题和技术学习的活动内容。例如，很多教师运用孔明锁作为活动项目进行教学。

---

①　本书中，"技术与综合实践学科教师"指中小学综合实践活动、中小学劳动技术和高中通用技术教师。

9.2 掌握基本的科学技术知识及方法，理解科学、技术与社会的关系。

【内容要点】

技术与综合实践学科教师应该能够做到：

(1)将科学知识和日常生活中运用的工具、器具、设备相联系，识别科学技术在日常生活中的应用；了解人们运用设计与技术解决实际问题、改善人们的生活。

(2)了解人类活动对所在地区自然环境、生活条件以及社会变迁的影响；了解社会需求是推动科学技术发展的强大动力。

(3)思考有关正确运用科学技术的伦理问题，认识到自己在保护环境、节约资源上的责任。

9.3 具有较强的获取、评价、处理、使用信息的能力。

【内容要点】

(1)获取信息。获取信息的时机：生成主题时、设计活动方案时、参与学生活动时、评价学生活动时、活动后收集反馈信息时等。获取信息的方法：通过参观、采访、访谈、调查、讨论、询问等活动，收集书本、网络、媒体、景点等信息资料。信息的种类：摘抄、记录、图表、照片、录音、录像，学习笔记、体会、研究报告等。

(2)处理信息。把获取的信息加工、整理后，制作成统计图（表）、手抄报、展板、PPT演示文稿、网页等。

(3)利用信息。利用手抄报、展板、网络、电视、广播等媒体，把处理后的信息在全班、全校乃至社区（村镇、街道）以及更大范围发布，进一步推广、宣传研究成果。

维度二 专业实践

领域三 促进学生的学习与发展

标 准	结 果 指 标
10. 创造良好的学习环境	10.1 建立良好的师生关系，创设安全的学习环境和友爱互助的学习氛围。

10.1　建立良好的师生关系，创设安全的学习环境和友爱互助的学习氛围。

【操作要点】

创设良好的学习环境包括两个方面，一是安全友善的物理环境，二是友爱互助的人文环境。

(1)安全友善的物理环境包括：

①能够针对学生个性特点和学科学习需要更新教室布置。

②能够在教室中设置鼓励和展示学生进步的标语和专栏。

③能够针对学生个性特征和学习需要选择和设计教具。

(2)友爱互助的人文环境包括：

①能够关注到每个学生的个性、学习状况和需求。

②能够采取有效措施鼓励不同学生之间互相帮助。

③能够关注到学生中的弱势群体，并倡导全体学生提供帮助。

④能够尊重学生的个性和隐私。

⑤能够和学生建立融洽的师生关系。

【举例说明】

创设安全的技术实践环境是有效教学的前提和保障。教师应做好技术实践活动的安全防护和安全应急工作。

以劳动技术为例，学校要定期对劳动技术教室的主要设施设备、电气线路进行全面检查，消除安全隐患。

教师在准备学生技术实践所需的各种工具设备时，要对工具与设备的功能和安全性进行检验。在摆放时注意工具设备摆放的位置和方向，如剪刀、木工锤、金工锤不要摆放在桌子的边缘，以避免学生在取、放或衣服刮蹭时掉下伤脚；刃口或尖端部分不要面向座位上的学生以避免误伤；教师要考虑学生操作所需的安全作业区大小，合理安排学生操作的场地。对于有刺激性的胶粘剂或粉尘，教师要采取相应的防护措施并保证教室的通风。针对各种实践活动，如纸工、木工、金工等，工具使用不当产生的安全隐患，要有应急措施，如准备医用酒精及时进行表皮破损处的消毒；使用热熔胶枪时，提前准备凉水，减少被热熔胶烫伤的损害。

标　准	结　果　指　标
11. 设计合理的教学方案	11.1 能够基于学科课程标准、学习内容和初步的学情分析，确定教学目标并正确表述。 11.2 能够正确把握教材内容，学会分析教材，确定学习重点。 11.3 能够从学生已有的知识基础和生活经验出发，确定学习难点。 11.4 能够依据教学目标设计合理的教学进程。 11.5 能够根据教学目标设计评价方式。 11.6 能够提供一定的学习资源。

11.1　能够基于学科课程标准、学习内容和初步的学情分析，确定教学目标并正确表述。

【操作要点】

教学目标是通过教学活动学生预期获得的行为结果。教学目标的表述特点是具体、可观察、可测量、可操作，一般用"行为主体＋行为条件＋行为方式＋行为结果"的形式表述。教师设计教学目标时，应该在充分了解学科课程标准、学习内容、学生的学习基础（知识、方法）之后，加以确定并正确表述。具体操作要点如下：

（1）通过对课程标准和相关文件（如实施指南）及学习内容的分析，确定完成教学目标所需掌握的各知识点与技能要求。

（2）通过对学习者初始能力的分析，确定教学的起点。

（3）在教学内容和学习者分析的基础上，明确、具体、详细地阐明通过教学而使学生在教学活动中所要达到的学习结果或标准。

【举例说明】

以初中劳动技术"仙人掌及仙人掌的嫁接"一课为例，在分析了学科课程标准、学习内容以及对学情进行初步分析的基础上确定教学目标，并将其表述为：

1. 了解仙人掌生长特性，理解嫁接原理，制定仙人掌嫁接蟹爪兰、仙人球等同科、同属植物的实施方案。学会同科、同属植物间的嫁接技术。

2. 通过仙人掌相关知识的搜集、整理、归纳的过程，学会充分利用现有教学资源，学习相关知识的方法。经历仙人掌嫁接作品的方案设计、展示、交流与评价过程，发展学生技术的表达和评价能力。

3. 培养学生缜密思考、操作有序、团结协作、努力创新的优良品质，养成操作过程中的安全意识。

分析：该教学目标正确，表述明确具体，体现了知识技能、过程方法以及情感态度价值观等维度的要求。

11.2　能够正确把握教材内容，学会分析教材，确定学习重点。

【操作要点】

分析教材的基本要求是：

(1)钻研课标，明确教学目标，领会教材编写意图。

(2)分析教材的系统体系，明确各部分在整个教材中的地位、功能以及前后联系；整体分析与局部分析相结合。

(3)根据教学目标、学生经验等分析，准确分析教材的重点及其内容的组织结构，并根据学生的认知特点及教学条件等灵活地处理教材。

【举例说明】

以北京版小学《劳动技术》四年级下册"设计装垃圾的小容器"为例进行教材分析。

本课在教材中的位置及作用：本课是小学劳动技术四年级下册第一单元纸工部分技术实践的第三节内容，是对"包装盒""装笔器具"两课知识技能的综合运用。通过学习本课，可以更进一步体会设计思路转化为产品的过程，为解决生活中的问题打下设计与制作的基础，使技术更好地为生活服务。

本课的教学内容：以生活中废旧的挂历纸或卡纸作为设计制作的主要材料，结合学生生活、学习需要，设计出实用的装垃圾的小容器。以包装盒和装笔器具的设计方法为切入点，通过观察、体验、探究等设计过程，使小容器具有方便收取垃圾、节省空间的功能特点。

课时教材分析还应与前后的教材内容及学生的情况相结合，本课的教学对象是四年级学生，在学习本课前学生已经学习了设计包装盒和装笔器具的方法，对立体纸工设计及画平面图有一定的经验。能根据设计需要确定出装垃圾小容器的各部分尺寸，并画出小容器的平面图。

本节课的主要问题是：设计什么形状的小容器更节省空间？设计什么造型的开口更方便收取垃圾？这是设计的要求，也是设计过程的基本的问题，因此确定本课的教学重点是设计装垃圾小容器的形状。

11.3 能够从学生已有的知识基础和生活经验出发，确定学习难点。

【操作要点】

教学难点是指学生学习起来有困难的知识、技能、方法等。学生在学习新内容之前，教师要能够对学生知识基础、认知水平和生活经验等有初步的了解。教师应能够通过教学经验判断或通过观察访谈等方式诊断出学生在学习新知识过程中哪些内容、哪些方面容易形成学习的障碍和困难，从而确定难点，并预设解决难点的措施。

【举例说明】

以北京版初中《劳动技术——种植技术（中级本）》"栽培新技术"的第一节课内容"草莓的无土栽培"为例。本课以草莓的无土栽培技术为主线贯穿整节课的教学，以草莓的无土栽培操作步骤为切入点，设计出无土栽培操作方案。目的是使学生理解无土栽培原理，学会多种植物的无土栽培技术，初步学会设计栽培方案的方法。

学生已有知识基础和生活经验：本课的教学对象是初中二年级学生，学生在日常生活中已经对草莓这种植物有了初步的认识，知道草莓好看、好吃，而并不知道草莓除了可以土培还可以进行无土栽培，对草莓的原产地、生物学特性、用途等相关知识更是知之甚少；对无土栽培的相关知识有了一定的认识，但还不是很了解；对植物栽培步骤有一定的了解，并能设计简单的植物栽培方案。

根据教学内容和学生的基本情况，学习过程中可能遇到的问题：无土栽培的基质是什么？操作步骤是什么？无土栽培后的植物该怎样进行管理？从而确定本课的教学难点是草莓的无土栽培技术。

11.4 能够依据教学目标设计合理的教学进程。

【操作要点】

一节好课，不仅要做到教学内容明确，教学重点突出，还要做到教学环节清楚，教学过程流畅。教学过程由若干能够实现预定教学目标的教学环节组合而成，设计教学进程或教学过程要考虑：合理安排教学流程；以学生为学习主体进行设计活动；策略的选择。具体而言，教师要从以下几方面进行考虑。

（1）合理安排教学流程要考虑：

①重点要突出，能够有效突破难点，信息密度适中。

②流程安排兼顾知识逻辑和学生认知逻辑，具有开放性和生成空间。

③有对各个教学环节时间的预计。

（2）以学生为学习主体进行设计活动要考虑：

①重点活动的设计能够保证重要目标的落实。

②活动能够激发学生的学习积极性，启发学生思维。

③对活动间的联系进行设计，对活动效果的观测有预案。

（3）策略选择要考虑：

①根据教学目标内容，合理使用互动、小组合作、多媒体等教学技能。

②注意各个环节的连续性、逻辑性，过渡要自然顺畅。

③各个教学环节在特点、风格上交叉，动静结合，提高学生兴趣。

【举例说明 1】

以"母校情'一片绿'"综合实践活动案例①为例。

一、活动背景

六年级的学生即将离开母校，走进中学的大门，他们在母校学习、生活了六年，对学校产生了深厚的感情。他们爱学校，更希望建设好学校，并且想通过自己的双手为母校留下一片片"绿色"，作为送给母校的特殊礼物，也为自己的小学生活留下一段美好的回忆。此时，正逢我校对校园环境进行调整和改造，校长希望全体师生能参与其中献计献策。了解到这些情况，我便和班主任刘老师一起加入学生的行列，开展了这次"母校情'一片绿'"综合实践活动。

二、学情分析、活动目标、活动重难点等（略）。

三、活动步骤

本活动分三个阶段：调查访问、了解学校的历史；深入校园、认识学校的今天；点滴做起、创造学校的未来。

---

① 选自综合实践活动教学案例"母校情'一片绿'"，执教教师：李凤芹。

活动流程图：

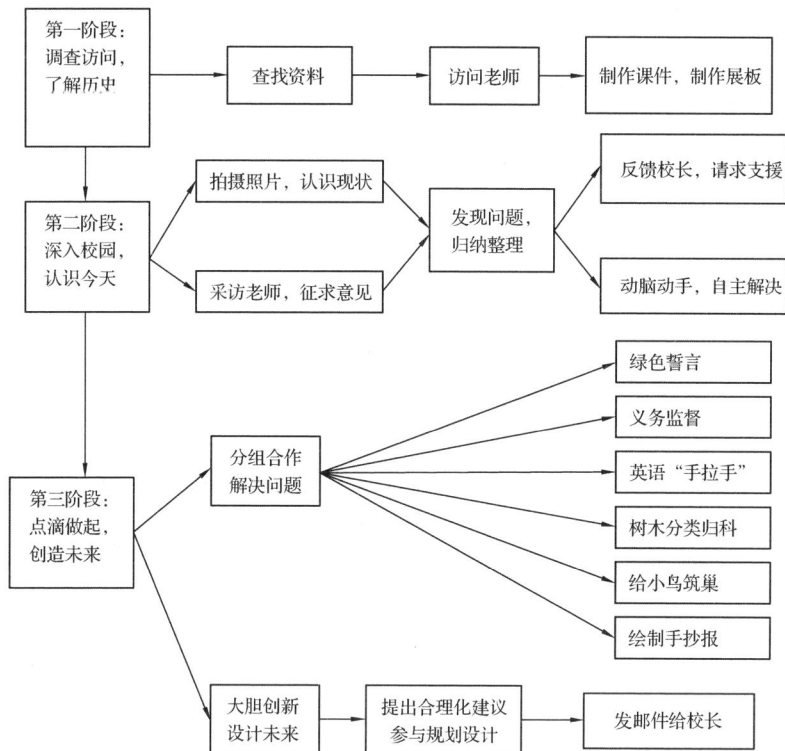

四、确定主题

本主题的第一次课内活动，师生共同讨论在背景环境下的活动主题，各小组的研究专题活动计划，制定全班和各组的活动方案，设计访谈问题、调查问卷、统计数据表等活动工具(课堂活动教案 1～2 节，要体现各个活动环节的设计意图和预期效果，此处略)。

五、实践活动

按照三个阶段展开，师生共同完成(略)。

六、总结交流

用 1 节课(或更多)时间展示活动成果、谈收获和体会(课堂活动教案，要体现各个活动环节的设计意图和预期效果，此处略)。

七、推广成果

在校内宣传、深化成果(略)。

【举例说明2】

以北京版小学《劳动技术》四年级下册"设计装垃圾的小容器"一课教学

进程及流程如下：

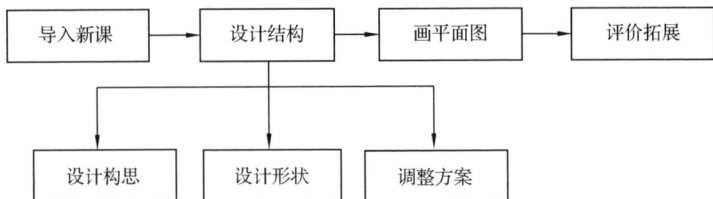

```
导入新课 → 设计结构 → 画平面图 → 评价拓展
              ↓
    设计构思    设计形状    调整方案
```

一、导入新课

1. 情境谈话导入

提出问题：

(1)平时学习中产生的橡皮渣、断铅等细小的垃圾你是怎样处理的？

(2)你能用劳动技术课上学到的知识技能解决细小垃圾处理的问题吗？

2. 引出新课

今天我们根据每个人的需要设计一个装垃圾的小容器，养成不乱丢弃垃圾的好习惯。

二、设计结构

1. 设计构思

提出问题：体验用包装盒或装笔器具来收取学习中产生的垃圾，你觉得它们有哪些优缺点？试一试！（教师巡视指导，并给予适当提示）

总结小容器结构及设计要求：

(1)装垃圾的小容器底部应是封闭的。

(2)开口最好大一些，没有盖更方便些。

(3)最好能节省空间，比较实用。

2. 设计形状

(1)画出初步的设计效果图

设置任务：根据刚才的体验及你的需要，你想设计一个什么形状的装垃圾小容器呢？试着画一画！

(2)设计小容器开口形状

根据预设准备一些装垃圾小容器的成品，每组发一个。

①设置任务：根据设计要求设计制作的装垃圾小容器好用吗？试一试。

巡视指导，了解体验情况，予以适当引导。

②提出问题：怎样改进开口才能更方便收取垃圾呢？

给出思考时间，如不能回答或回答不准确，给予提示：出示一张簸箕图片。

③设置任务：改进小容器的开口形状，体验改进后是否更方便收取垃

坂。(小容器上标有尺寸刻度,以厘米为单位决定改进的长度)

④展示课件

总结:一般情况下,斜口较低的一边与较高一边的差在3～4厘米之间比较合适。

(三)调整设计方案

根据体验探究的结果,修改设计效果图。

三、画平面图

1.确定尺寸

提出问题:你打算把装垃圾的小容器存放在哪儿?尺寸怎么确定?

设置任务:根据设计需要确定装垃圾小容器的尺寸,标在效果图上,为画平面展开图做准备。

2.画平面图(板书)

(1)选择材料:可以是旧挂历纸或卡纸。

(2)把发到各组用于体验探究的实物成品展开成平面图,参考画平面图方法。

根据学生实践情况巡视指导。

四、评价(略。可参见从新手到熟练阶段结果指标11.5举例说明)

五、拓展思考

还可以用我们学过的哪些劳动技能做装垃圾的小容器?

课堂小结:倡导保护环境从减少制造垃圾开始。

11.5　能够根据教学目标设计评价方式。

【操作要点】

(1)教学目标的作用在于"导教""导学""导测量"。教师应能够根据教学目标设计评价方式。

(2)评价是开放、灵活的,应体现整体性、过程性、多元性。在具体操作中,应采取"成长记录评价"或"协商研讨式评价"等方式,把评价作为师生共同学习的机会。

(3)注重对学生活动过程的评价,在活动整个过程中教师要注意收集相关评价信息,及时注意观察学生活动情况,如活动参与度、兴奋点、合作态度、发现问题、解决问题的能力等方面,关注学生价值判断能力、批判性思考能力、社会责任感、人生规划、口头表达能力等。还要关注作业、作文、小论文、活动体会的写作,绘制图表、小制作、绘画、拍照、录制音像资料等作品。此外,还要注意通过观察学生在讨论、实地观测、探究活动中的表现来评价学生。

（4）注重评价角度、要点、方式、参评人员的多元化。重视学生的自评和互评，评价结果采用评语和等级评价相结合的方式。还可以通过问卷调查、个别访谈等从家长、其他参与人员、相关人士处了解学生表现，作为评价的依据，并设计好评价方案。

【举例说明】

以北京版小学《劳动技术》四年级下册"设计装垃圾的小容器"为例，教学目标为：

1. 了解装垃圾小容器的结构，能确定小容器各部分尺寸，画出平面图；

2. 经历观察、测量、绘制、改进等设计装垃圾小容器的过程，掌握设计方法，提高设计能力；

3. 体验装垃圾小容器的设计，形成密切联系实际生活的环保意识。

基于这一目标可以设计如下的评价，评价主要针对容器的设计方面：

1. 达到基本目标：确定尺寸，画出基础平面图（未设计斜口）。

2. 达到中级目标：能在平面图中体现斜口的设计。

3. 达到高级目标：在外形、开口等方面有创意。

评价包括学生的自评与互评，教师点评学生作品设计完成情况、学习情况及小组活动情况。

11.6 能够提供一定的学习资源。

【操作要点】

学习资源是指教学设计、实施和评价等整个教学过程中可利用的一切人力、物力以及自然资源的总和，包括教材、老师、学生、家长以及学校、家庭和社区中所有利于实现教学目标，促进教师专业成长和学生有个性的全面发展的各种资源。学习资源的载体形式主要有物、场所和人。物的载体形式主要有教材、活动材料、学具、电子音像制品、教师用书等；场所的载体形式主要有教室（劳动技术专用教室）、图书馆、电脑室、校外劳动技术中心、家庭等；人的载体主要指教师、学生、家长、专家学者等。教师在向学生提供学习资源时应注意：

（1）选择及合理使用教与学资源。

（2）能够有效利用与学生生活密切相关的资源。

（3）选择和使用的资源能促进教学目标的达成。

（4）选择和使用的资源体现一定的教育价值。

【举例说明】

对于中小学综合实践活动教师，要根据不同的活动主题，为学生提供广泛的校内外活动资源，包括学校的专用教室、实验室、图书馆、阅览室、体育场馆以及校外的村镇、街道、机关、厂矿、社区、博物馆、纪念馆、养老院、公益机构、科研机构等物质资源；校容校貌、班级风气以及当地的历史文化、风土民俗、社会风貌等人文资源；报纸杂志、广播电视、图书、网络等信息资源；山川、地貌、水域河流、风物特产等自然环境资源。特别是教师要能调动一切积极因素，使学校的教师、干部、校工以及学生家长、科研人员、专业人士、知情人、志愿者等人力资源参与到活动中来，为活动提供多角度的支持和专业帮助，以利于活动的顺利开展和达到预期效果。

对于中小学劳动技术教师，以"草莓的无土栽培"一课教学为例，在教学中，教师向学生提供了如下学习资源：劳动技术专用教室、草莓幼苗、营养液、花盆等，将学习过程中将要用到的相关知识制成电子课件提供给学生学习等。此外，运用不同的评价方式以促进学生学习也属于学习资源。

标　准	结 果 指 标
12. 实施有效的教学活动	12.1 能够吸引学生注意力，激发学生学习兴趣。 12.2 能够合理安排教学时间，运用教学策略，完成预定的教学任务。 12.3 能够适当地采取互动的形式组织教学。

12.1　能够吸引学生注意力，激发学生学习兴趣。

【操作要点】

中小学综合实践活动课程

（1）活动内容应能够激发学生研究兴趣，要符合儿童实际，源于生活、回归生活，体现每一所学校及其所在村镇或社区的特色。

（2）允许学生自由分组、自主设计活动方案；允许学生在活动过程中走出校园、走向社会、走进自然，自愿生成新的研究专题；在展示成果、汇报交流过程中，允许学生展示团队、表现自我、发挥特长、表演才艺等，这些都能激发学生的研究热情和兴趣。

中小学劳动技术课程

(1)让学生在生动活泼的技术实践过程中学习。

(2)与学生的生活紧密联系，帮助学生认识技术在生活中的价值，激发学生对探究技术问题的兴趣和愿望。

(3)注重技术作品的实用性。"有用的"技术将更好地激发学生技术学习兴趣。

(4)指导学生用习得的技术解决生活中简单的技术问题。使学生感受到解决技术问题和获得劳动成果的喜悦，加深和保持技术学习兴趣的稳定性。

12.2　能够合理安排教学时间，运用教学策略，完成预定的教学任务。

【操作要点】

心理学研究表明，一节课学生思维最佳的时间是上课后的 5～20 分钟。劳动技术课上教师讲解的时间一般要控制在 15～20 分钟，因此，教师要优化教学内容，把教学重点和难点在学生注意力集中的时间段讲完。例如，用 10 分钟左右教师把本节课的重点集中讲完、讲透，接下来 5 分钟左右介绍其他内容，余下的时间进行教师指导下的学生自主技术探究或技术实践。可以采取如下策略：

(1)上课伊始，迅速组织学生就座，进入学习状态。

(2)合理安排教师讲授与学生实践的时间，保证学生技术实践的充分开展。

(3)细化技术实践活动进程，要求学生合理安排自主探究时间。

(4)对教学时间有监控措施。

【举例说明1】

以中小学综合实践活动课程为例。"社会大课堂"是 2008 年起在北京开始实施的中小学生社会实践课程，要求在活动场馆、博物馆、实践基地等场所开展实践活动。由于没有教材、没有教学经验，很多学校一开始不知所措。它的很多设计理念、活动方式、内容安排与综合实践活动课程相近，我们引导学校的干部、教师运用"研究性学习"模式开展大课堂活动。内容安排上"化零为整"，集中安排活动时间，不同学科、不同研究主题内容可以在同一活动基地同时进行。此外，还可以把大主题、长周期的活动"化整为零"，利用几个整课时、半节课、课余时间、家庭旅游外出等时间完成，以缓解课时安排冲突和校内外活动的矛盾。具体做法有：用 1～2 课时做选择课题、梳理确定小的研究专题、分组、制订小组活动方案、准备调查问卷、设计访谈题目等工作；小组活动在几周内利用课余时间完成，教师参与学生活动，提供组织指导、咨询服务，特别是检查督导学生的活动不断深入开展；集中用1～2课时全班交流汇报、成果展示；利用零散时间推广宣传等。这样的"化整为零"可以解决课时不好排，时间、人员、资源不够用，外出活动不好解决等诸多问题。

【举例说明2】

以高中通用技术课程"材料"的教学为例。教学中先配合挂图、幻灯片等教具讲解材料的分类(5分钟)；再设问引入，讲解材料的性能(15分钟)；然后以师生互动、讲解交流的方式认识木材、金属材料、塑料(15分钟)；随后结合实例讲解设计时选择材料的原则和相关常识(5分钟)；介绍新材料的发展(3分钟)；布置课后自学活动(2分钟)。45分钟下来一般即可完成预定教学任务。

12.3 能够适当地采取互动的形式组织教学。

【操作要点】

(1)教学过程是通过师生交往、共同发展的互动过程，教师应创设能引导学生主动参与的教育环境，它是影响师生互动的重要外部因素。

(2)尊重学生的人格，关注个体差异，培养学生的独立性和自主性，引导学生进行质疑和探究，以共同讨论的民主态度进行教学。

(3)强调师生间、生生间的动态信息交流。通过知识、情感、态度、兴趣、价值观以及社会经验、行为规范等广泛的信息交流，实现师生互动、相互沟通、相互影响、相互补充，彼此形成一个互教互学的真正的"学习共同体"，从而达到共识、共享、共进和教学相长的目的。

(4)教师要有能吸引学生的人格魅力：有爱心、能包容、善交往，能与学生真情沟通、坦城交流、和谐相处。学生在和教师的互动中有更多的亲切感和安全感，师生互动的质量就会提高，学生参与互动的积极性和主动性就会更高。

标　准	结　果　指　标
13. 培养良好的学习习惯与指导学生学会学习	13.1 认识到一般学习习惯的重要性，注意培养学生的习惯。
	13.2 掌握一定的学习策略，注意教给学生学习方法。

13.1 认识到一般学习习惯的重要性，注意培养学生的习惯。

【操作要点】

(1)知道学习习惯的含义和意义。

学习习惯是学生在学习过程中，经过反复练习形成并发展成为一种个体需要的自动化学习行为方式。好的学习习惯可以提高学习效率，保障学习任务完成，保障学习的质量和成绩。

(2)知道一般学习习惯和学科学习习惯的内容。

一般学习习惯主要包括课前预习的习惯、上课听讲与记笔记的习惯、思考提问的习惯、课后及时复习的习惯、及时完成作业的习惯、注意学习卫生的习惯等。

(3)在教学中有一定的培养学生学习习惯的意识。

能够提醒学生关注学习习惯的养成；在某些方面比较注意学生习惯的培养，如在完成作业等方面；能够通过督促检查来培养学生学习习惯，如批改作业，布置预习任务等。

【举例说明】

以小学生的操作习惯为例。教师在开学初就应统筹安排习惯训练项目，每学期十七课内容的备课中都该有习惯养成的具体教学环节。如"小手链"一课中，可以安排的习惯训练项目是培养安全意识，注意剪刀的使用、放置；"飞板的制作"一课，安排强调安全，在使用美工刀、木锉、砂纸时，养成良好的操作习惯，教师再三提醒学生要养成"不要伤到自己的手，也不能伤到同学"等习惯。

13.2 掌握一定的学习策略，注意教给学生学习方法。

【操作要点】

技术与综合实践学科教师要能够在教学中有意识地培养学生掌握知识技能学习的策略。在实践操作类教学活动中，学生容易急于动手操作，而不能很好地掌握相应的技术操作要点，这时就应合理地掌控课堂，让学生经历听讲、练习、反馈、再练习等环节，正确掌握技能操作要点。对于知识类课程，应合理地利用好预习作业、课后作业、课堂练习、技术实践、小组讨论等教学环节，使学生逐步形成良好的学习习惯，了解掌握知识的策略。技术课程要特别注意培养学生的动手实践能力。

【举例说明】

在提出问题的起始阶段，教师可以指导学生使用不同的疑问词来表述自己的问题。如围绕事件的现象、研究的内容可以提出：有多少？怎么样？为什么？怎么解决问题的？面对几种的不同事物可以提出：有什么关系？有什么影响？还可以根据自己的设想提出假设性的问题：如果……会……、用……方法是否可以……、假如……能……。通过这样的方法支持，学生就会从不同的角度提出想要研究的问题。①

标　准	结　果　指　标
14. 开展多元的学习评价	14.1 具有引导学生参与评价的意识。 14.2 关注学生的学习效果。

14.1　具有引导学生参与评价的意识。

【操作要点】

教学设计要有目的地引导学生参与评价。技术与综合实践学科课程是实践性、活动性课程，过程中具有偶然性和生成性，在体验、探究、合作的过程中往往会伴随着师生间、生生间的讨论、沟通、切磋、互补，同时也会产生自觉与不自觉的自评与互评。教师可以适时引导学生参与评价。例如，可以通过发给学生带有详细评价要求和评价活动过程的记录单来帮助和指导学生参与评价。

【举例说明】

以制作小车模型活动为例。活动时给每个小组发一张制作小车活动记录单，活动记录单上重要的一项内容就是评价，包括小组自评与小组互评，有统一的评价标准，包括画出草图、不掉车轮、车轴不晃、车架不变形、运动距离远、小车行进直线、修改理由充分有效、新颖有创意等。自评记录表格含有多次改进小车性能的内容，通过几次改进来增加分数。最终满意后参加全班互评，互评记录表格中展示汇报的效果也是一个评分标准，促使学生训练更好的表达能力。

14.2　关注学生的学习效果。

【操作要点】

(1)指导学生制订学习计划，明确学习目标。

---

① 北京市教委德育处、北京教科院基教研中心：《北京市中小学综合实践活动教师指导手册——小学册》。

（2）指导学生进行学习评价。

（3）采用多种途径收集信息评价学生学习效果。

（4）利用评估结果指导学生学习，达成学习目标。

（5）与学生、家长及有关人员交流学生进步情况。

标　准	结　果　指　标
15. 促进有效的课堂管理	15.1 能够维持正常的课堂教学秩序，完成教学任务。 15.2 合理调控课堂的时间与节奏。 15.3 合理调控教学内容的走向。

15.1　能够维持正常的课堂教学秩序，完成教学任务。

【操作要点】

技术与综合实践学科课程不是在教室内就能完成的，而是要求有更广阔的时空，同时也需要更丰富多彩的活动方式。因此，教师要根据校内外活动内容、环境和参加人员的不同组织好学生活动；要对班级、小组、家庭等不同形式的活动提出不同的组织要求和研究策略；合作学习、研讨交流、展示汇报等课堂内的活动，要做好活动设计，要有设计意图和预设目标；具体实施中还要及时调控、修改活动步骤和程序，保证完成教学任务、达到预期效果。

15.2　合理调控课堂的时间与节奏。

【操作要点】

一堂课 40 分钟，教师心中应有个总体安排。开头、结尾要灵活机动，教学重点、难点要留足时间，要根据学生的实际情况分配时间，既要定时定量，又要灵活机动，才可能使课堂教学井然有序、节奏鲜明。教师不可上随意课，漫无边际地调侃和浪费时间的"马拉松"式教学是良好课堂节奏的大忌。

15.3　合理调控教学内容的走向。

【操作要点】

由于技术与综合实践学科课程具有实践性、开放性、自主性、生成性等特点，因此需要教师的及时指导和引领。特别是在学生的专题研究到一定程度时，可能会发现更多新的难以解决的问题，或者会生成与原来研究主题不同或相反的问题。这时教师要了解学生研究的进度、细心观察他们遇到的问题或困惑，及时为他们提供帮助和支持，要鼓励学生大胆尝试、探求新知，鼓励学生生成并探究新的问题，为他们指明研究的方向和目标，提出新的活动要求。通过内容的调控，既完成教学任务，又保障学习目标实现。

标　　准	结　果　指　标
16. 渗透思想品德教育与生活技能教育	16.1 渗透思想品德教育。 16.2 学习、掌握生活技能教育的知识和方法，具有培养学生生活技能的意识。

16.1　渗透思想品德教育。

【操作要点】

(1)在教学时，要注意渗透劳动思想品德、技术的社会价值、创造的价值、合作等思想。

(2)结合教学内容，挖掘其中的思想品德教育因素，在备课时有机融入，在教学时自然渗透，在总结时随机检查。

(3)让学生在活动、实践的过程中，增加创造、合作、劳动等方面的情感体验，培养热爱劳动、热爱创造、勤于动手的情感。

16.2　学习、掌握生活技能教育的知识和方法，具有培养学生生活技能的意识。

【操作要点】

生活技能教育兴起于 20 世纪 80 年代初期的美国。美国学者伯特温(Gilbert J. Botvin)提出用"生活技能训练"的方法预防青少年吸烟问题，取得很好的效果。于是，生活技能教育在英国、加拿大、澳大利亚等国迅速发展。目前，生活技能教育的理念和方法已被许多国家接受，逐步系统和规范化。

生活技能教育是在考虑文化和发展的前提下，以技能教育为基础，恰当地锻炼强化青少年的心理社会能力，促进发展，保护人权，预防健康和社会问题。属于健康教育的范畴，是素质教育的一部分，目标是预防青少年的问题行为。

生活技能教育的目的是使青少年掌握技能，正确认识自己、他人和环境，调整自身行为，发挥个人潜能，建立健康的生活方式，较好地适应社会，健康成长。教育内容主要包括：改进生活技能与健康、了解自己、培养责任感、情绪调节、沟通与交流、理解他人、解决问题、缓解紧张和压力、发挥创造力、选择与决定、行为上异常（吸烟、饮酒）的危害、远离毒品、保护自己、走向健康。通过上述内容的教育，培养青少年的 10 种能力，即自我认识能力、同理能力、有效的交流能力、人际关系能力、调节情绪能力、缓解压力能力、决策能力、解决问题能力、创造性思维能力、批判性思维能力，促进青少年将其知识、态度和价值观转化为行动。

标　　准	结　果　指　标
17. 实施积极的安全教育与健康教育	17.1 关心学生的身体健康，鼓励学生积极锻炼身体。 17.2 具有关注学生心理健康的意识。 17.3 在学生的人身安全方面有责任意识，遇有突发事件时救助学生。

17.1　关心学生的身体健康，鼓励学生积极锻炼身体。

【操作要点】

技术与综合实践学科和身体锻炼有内在的联系，教师应引导学生在劳动、研究、实践过程中，养成正确的姿势，保护视力，锻炼身体。

17.2　具有关注学生心理健康的意识。

【操作要点】

充分利用技术与综合实践学科的特点，鼓励学生相互合作，勤于动手，接触社会，接触他人，进而引导学生形成乐观的思维方式，培养健康积极的人格特征，提高学生的心理素质。

17.3　在学生的人身安全方面有责任意识，遇有突发事件时救助学生。

【操作要点】

教师是学生安全的重要责任人，是中小学安全教育工作的重要实施者，因此教师必须树立起安全意识，重视安全教育，增强安全责任感，明确教师的安全职责。

技术和综合实践学科课程由于开放性、操作性等特点，具有一定的安全风险，教师要做好安全预案，加强学生的安全教育，注意安全防范。

领域四　教育教学研究与专业发展

标　准	结果指标
18. 教育教学反思与行动研究	18.1 经常有意识地反思自己的教学，形成教学反思习惯。 18.2 具有问题意识，能够把工作中遇到的问题进行梳理或转化为研究专题。 18.3 学习课题确立与实施的基本方法。

18.1　经常有意识地反思自己的教学，形成教学反思习惯。

【操作要点】

(1)经常有意识地对自己的课堂教学实践进行回顾、审视和反思，总结经验与教训，汲取他人的教学经验，不断改进自己的教学，逐步形成教学反思的习惯。

(2)练习撰写教学日记、教学叙事和教学案例分析，做好说课评课，提高自己教学反思的质量。

(3)在教学反思中，注意把自己"学会教学"的过程与教学生"学会学习"的过程统一起来，努力提升自己教学实践的合理性。为实现新手到熟练的过渡打下基础。

18.2　具有问题意识，能够把工作中遇到的问题进行梳理或转化为研究专题。

【操作要点】

(1)通过课堂观察、课下与学生交流、家长反映和学习效果检测等渠道，了解自己工作中存在的问题。

(2)不放过问题，与同事或有经验的教师讨论，分析问题，逐步形成教学行动研究专题。

(3)从"问题意识"入手，把"问题意识"适时地转化为"课题意识"，通过"计划—行动　观察—反思"循环过程，把解决问题的过程变成教学行动研究过程，促进自己的专业化发展。

18.3　学习课题确立与实施的基本方法。

【操作要点】

(1)把问题转化为研究的小课题。注意课题包含的要素有对象、措施、目的等。

(2)注意通过观察、调查等方法搜集研究问题的资料。

(3)对搜集的资料进行分类、整理，寻找联系和关系，形成观点。

(4)把观点和材料联系起来，通过论文形式组织起来。

(5)可以阅读关于教育科研方法的图书，深入学习具体的方法。

标　　准	结 果 指 标
19. 团结协作与经验分享	19.1 具有团队合作意识。 19.2 积极参加研修活动，虚心求教。

19.1　具有团队合作意识。

【操作要点】

(1)在参加学校的各种活动中，体验本校教学的特色与学校文化，了解团队行为准则。

(2)认同团队行为准则或提出建设性意见。

(3)在团队活动中扮演一定的角色，贡献自己的智慧和精力。与其他学科教师和本学科教师加强教学方面的研讨和集体备课，相互启发和帮助。

19.2　积极参加研修活动，虚心求教。

【操作要点】

(1)培养自己对进修活动的兴趣，每周提前安排工作计划，在计划中包括进修学习的时间。

(2)每次进修活动后，及时思考自己得到的启发与收获，并不间断地积累学习收获，在一定情况下与同事分享。

标　准	结 果 指 标
20. 终身学习与持续发展	20.1 养成读书和独立思考的习惯。 20.2 具有探索和研究的意识，积极吸收新理念、新方法。 20.3 具有优化和提升自我专业素养的意识，按要求参加学习和进修。

20.1 养成读书和独立思考的习惯。

【操作要点】

(1)认同阅读是在职教师学习的主要方式，在工作计划中列入一定的阅读时间。

(2)围绕本学科教学领域和相关学科领域，有目的性地进行系统读书学习，养成读书、读专业书的习惯，写好读书笔记。

(3)结合在实际工作中发现的问题，有针对性地进行读书学习，并注意及时总结和积累。

(4)结合课程改革中出现的误区和问题，有批判性地进行读书学习，提出自己的见解，培养独立思考的习惯。

20.2 具有探索和研究的意识，积极吸收新理念、新方法。

【操作要点】

(1)了解当前课改的动态、关注教育与学科教学领域热点问题和前沿问题，并注意收集和积累相关资料，积极吸收新理念、新方法。

(2)学习教学资料检索方法，对检索到的资料进行文献综述和评价分析，提出需要探索和研究的问题。

(3)及时了解同行提出的新观点，经过独立思考与判断，去粗取精、去伪存真，由表及里，由此及彼，在教学中吸收与借鉴。

20.3 具有优化和提升自我专业素养的意识，按要求参加学习和进修。

【操作要点】

(1)结合课程改革或本地区基础教育发展趋势，思考对教师提出的专业素养新要求，增强优化和提升自我专业素养的意识。

(2)依据本校或本区域基础教育发展需求，参加学习和进修，并将学习到的知识和理论应用于校本研修之中。

二、从熟练到成熟

维度一 专业基础

领域一 健全人格与职业道德

标　准	结 果 指 标
1. 爱岗敬业，履职尽责	1.1 热爱教育事业。 1.2 自觉遵守教育法律法规，理解教育方针政策。 1.3 认真履行教师职责。 1.4 具有责任感。

1.1　热爱教育事业。

【内容要点】

热爱教育事业体现在两个方面：一是对生命的大爱，不是站在具体某一个学生的角度上表达喜爱，而是一种伦理的情怀；二是在职业中不断获得价值感和成就感，将职业开始升华成事业。

1.2　自觉遵守教育法律法规，理解教育方针政策。

【内容要点】

（1）自觉遵守各种教育法律法规，能够将法律法规从外在的规范和强制性要求逐渐内化为自己行为的价值和准则，从他律开始转向自律。

（2）不仅知道教育方针政策的基本内容，还应理解教育方针政策的出台的背景、意义及价值。

1.3　认真履行教师职责。

【内容要点】

不仅明确教师的职责，更是认真履行教师的职责。在不断提高业务能力的同时，不断提高自身的素养，以"学高为师，身正为范"严格要求自己，树立教书育人、为人师表的良好形象，真正履行好教师这个崇高而又神圣职业的职责。

1.4 具有责任感。

【内容要点】

这一阶段的教师形成了对于教师责任的一种自动化的感情，具备了内驱力系统，从外化到内化，从有意识地遵守责任要求到无意识地履行责任。

标　准	结　果　指　标
2. 关爱学生，教书育人	2.1 热爱学生。 2.2 平等公正地对待每一位学生，尊重学生人格。 2.3 引导学生树立正确的人生观和价值观。

2.1 热爱学生。

【内容要点】

（1）教师要学会了解：学生的行为背后总有他认定的想法，试着了解学生，不要急于批评。

（2）教师要学会同理：发挥同理心是了解学生的第一步，蹲下身来，站在学生的立场去看、去想，才能了解学生眼中的世界。

（3）教师要学会倾听：以耐心的态度，关注的神情，积极倾听，学生才有完整表达的机会，并同时给予积极的回应。

2.2 平等公正地对待每一位学生，尊重学生人格。

【内容要点】

教师与学生交往中要做到爱无差别，一视同仁。教师不能以自己的私利和好恶作为标准处理师生关系，应当给所有学生提供平等的学习机会。一个常见的现象是，教师会有意无意偏爱一些学业成绩好的学生，而相对歧视或忽视一些成绩差的学生。实际上，成绩差的学生更需要教师的关怀和帮助。

教师要做到：

（1）包容学生的差异。

（2）接受学生的失误。

（3）尊重学生的兴趣和选择。

（4）避免对学生负面的评价语言。

2.3 引导学生树立正确的人生观和价值观。

【内容要点】

（1）教师要善于做价值引导者。教师不仅践行教书育人的神圣职责，同时也通过自己高尚的人格境界把乐观、进取、责任、敬业的意识传递给每一个学生。通过自己的言行教育影响帮助学生树立正确的人生观和价值观。

（2）教师要在师生交往和教育活动中，引导学生树立正确的人生理想。通过"价值澄清"等有效的教育模式帮助学生确立正确的价值信仰。教师还要结合现实社会生活，通过正反两方面范例的解读，帮助学生区分正确与错误的人生理想。

标　准	结　果　指　标
3. 为人师表，严谨治学	3.1 遵纪守法，作风正派，公正廉洁，以身作则。 3.2 树立优良学风，刻苦钻研业务，不断学习新知识，改进教育教学方法，提高教育教学水平。

3.1 遵纪守法，作风正派，公正廉洁，以身作则。

【内容要点】

对于法律法规的循守，不再刻意而为，能自觉自如地进行自我调控，规范自身言行，并在内心深处形成自我约束、自我评估的一系列标准，标准一般应高于教育法律法规的底线。已形成个人的道德理想，有了明确的做人原则。

3.2 树立优良学风，刻苦钻研业务，不断学习新知识，改进教育教学方法，提高教育教学水平。

【内容要点】

钻研业务不再出于完成工作任务的需要或被动应对工作中问题的解决，而出于自身发展的需要。对于教育教学工作，不再停留于仅以权威专家的理论为据，也不再停留于仅按有关要求行事，而力求做得更好。在工作中，一方面，注重工作质量的提升和劳动成果品质的保证，积极主动地探寻新路径、新方法，不断主动学习、探索改进工作；另一方面，已具备问题研究与预防意识，能在解决问题中不断反思总结，不断探索。

标　准	结　果　指　标
4. 热爱生活，身心健康	4.1 积极锻炼身体，增进身体健康，合理分配精力，保持充沛的活力。 4.2 积极乐观、善良宽容，具有爱心、同情心和正义感。 4.3 能够正确对待困难和挫折，善于自我调节。 4.4 具有良好的生活情趣，至少培养一种有益身心健康的兴趣爱好。

4.1　积极锻炼身体，增进身体健康，合理分配精力，保持充沛的活力。

【内容要点】

参加体育锻炼活动，可使人具有健康的身体，使身体机能获得全面发展。同时还要遵循坚持不懈、循序渐进、因人而异的基本原则，增进身体健康。为此，教师要：

（1）深刻认识健康对人的生活和工作的意义，理解锻炼对健康的价值。

（2）养成科学饮食、定期体检和定时锻炼的习惯。

（3）保持合理的体重和充足的体力，能够合理分配精力。

4.2　积极乐观，善良宽容，具有爱心、同情心和正义感。

【内容要点】

（1）积极乐观。能够正确理解个人与他人、个人与集体、个人与社会以及个人与工作和生活的关系，常怀自律之心、感恩之心、奉献之心和平常之心；对未来充满希望，对自己充满信心，对他人充满同情与感恩，对组织与事业比较忠诚。具有善良之心，宽容之度，自主意识较强，具有较强的职业认同感。

（2）爱心。对弱小者充满同情，并能够善待弱小者。以学生为例，爱心体现在尊重学生的人格，相信学生的发展潜力和成长的力量，平等地对待每一位学生，理解与宽容学生，关心与关爱学生；使学生能够在理智与情感交融的氛围中享受爱的滋养，实现快乐成长。

（3）同情心。对弱小者能够较为敏锐地觉察与理解，并能够产生情感共鸣；及时给予弱小者帮助，给学生示范同情心；关爱和帮助成长中的学生，让学生体验同情心；引导学生爱护与帮助他人，以固化学生同情心。

（4）正义感。具有追求正义、伸张正义的道德意识和道德情感；自觉尊重和严格遵守制度、规则和程序；尊重他人的基本权利；对不公平的事情敢于直言，主持正义；对非正义的行为能够谴责。

4.3 能够正确对待困难和挫折，善于自我调节。

【内容要点】

(1)能够理解困难与挫折乃是人生常事，而且能够深刻认识到，克服困难、经历挫折可以培养人的意志、勇气，锻炼人的能力。

(2)对待困难，能够沉着冷静，寻找困难存在的主客观原因，厘清解决困难的思路，正确选择解决问题的方法。

(3)面对挫折，不慌不怒，不怨天尤人；具有坚定的信心，勇往直前的勇气，朝着既定的目标，加倍努力，锲而不舍地达到目的；同时，具有良好的宣泄方法，以摆脱工作和生活压力。

4.4 具有良好的生活情趣，至少培养一种有益身心健康的兴趣爱好。

【内容要点】

(1)正确认识生活情趣的含义，有效辨别低俗与高雅生活情趣；正确理解良好的生活情趣对身心调节和对工作促进的价值。

(2)至少养成一种有益身心健康的兴趣爱好，或者是打球、游泳、跑步、下棋、登山、跳舞等体育运动活动，或者是唱歌、弹(拉)琴、绘画、吟诗等艺术活动，抑或是养花、喂鸟、钓鱼、摄影、旅游、会友、烹调等生活类项目。

领域二 学科与教育教学专业知识

标　准	结　果　指　标
5. 关于学科的知识	5.1 掌握任教学科的知识技能体系和思想方法；能够描述学科知识的层级结构。 5.2 了解任教学科与其他学科以及生活实践、社会发展之间的联系，能有意识地在教学中渗透。

5.1 掌握任教学科的知识技能体系和思想方法；能够描述学科知识的层级结构。

【内容要点】

知识结构是指一个人经过专门的学习培训后所拥有的知识体系的构成

情况与结合方式。合理的学科知识结构是具有层级的，不同层级的知识在学生的智力发展中发挥着不同的作用，具有不同的教育价值。学习不能仅仅局限于占有大量的事实，而应进行超越事实的学习，建构完善的知识层级结构，发展对知识的深层次理解。教师要能够描绘出技术学科的层级结构。

小学劳动技术教师

教师应掌握激发学生对参加劳动学习技术的兴趣的方法；具备质量、环保方面系统的知识；具备构思并草图等形式表达的技能；会使用简单的手工具加工材料，制作作品。

中学劳动技术教师

教师应掌握读识技术图样和编制操作工艺步骤的技能；会使用基本的工具制作样品并进行评价；掌握技术本质和技术特征，在教学中渗透技术思想。

高中通用技术教师

教师应掌握设计、方案构思、模型、交流、试验；系统、主次、权衡、制约、因变关系；优化、结构、流程、控制等统一过程与核心概念，并在教学中反复渗透。掌握技术创新技法，具有辅助学生产生、表达与实现创新思维的能力。

高中通用技术教学内容包括很多基本的知识和技能以及活动项目，教学中应把核心的知识提取出来，提高教学的效率。例如，在技术设计中要考虑标准与限制。标准就是根据产品或系统的关键元素、特征及所要达到的目的，为设计建立的一系列参数，它是设计者工作的依据。限制是一种对设计的约束。有些约束是绝对的，但是大多数限制是相对的。

制订规范、完整的设计方案，要符合设计的一般原则，如科学性、实用性、经济性、美观性、安全性，以及其他许多需要考虑的因素。

工艺是实现设计的重要手段。工艺通常是指技术活动中的加工程序（流程）和方法，是知识、能力与物质手段的结合。

测试是技术设计和制作中不可缺少的环节。测试是检验产品能否正常工作、是否满足设计要求的重要措施，可以通过测试来培养学生的质量观。

优化是在给定的限制中尽可能地完善所期望的品质。优化使产品具有更强大的功能、更高的效率。

设计和制作中，有些能力如问题解决、创造性思维、空间想象、批判性思维和推理等是非常重要的。

在现代生活和生产中，标准件越来越多地替代了原始材料。了解标准件的优越性和适用范围，学会选择和使用标准件。

5.2 了解任教学科与其他学科以及生活实践、社会发展之间的联系，能有意识地在教学中渗透。

【内容要点】

综合实践活动、劳动技术、通用技术与其他学科以及生活实践、社会发展之间存在密切的联系。如今，技术已经深入我们生活、生产的各个方面，教师要能清楚地认识到这些联系，并和自己的教学有机结合起来。首先，从课程内容上，综合实践活动、劳动技术、通用技术综合运用了其他学科的知识，融合了经济、法律、伦理、审美、环保等方面的知识，课程的具体内容包括劳作、手工、家政、农业技术、商业、职业准备等。其次，作为一种学习方式的"研究性学习"也渗透在学生的所有学科和所有活动中，各学科领域中的知识可以在研究性学习课程中延伸、综合、重组与提升。

【举例说明1】

以中小学劳动技术课程为例。劳动技术课综合性很强，很多学科的教学都可以从周围现实生活中找到与劳动技术教育的结合点。例如，劳动技术课中的小制作、剪贴各种日常生活中的物体、图像给美术教学提供了很好的素材，这样既完成了劳动课的教学任务，又融合了美术的相关知识，使学科间的知识得到了很好的融合与渗透。

在劳动技术课程教学中，可以根据课程的特点，将教学与环境保护结合起来。如在学"洗蔬菜"的活动中，要设计如何节约用水，如何保持场地的整洁；在练习某种技术时，尽量选择耗材少，材料易得的活动项目，避免耗材大的制作。另外，可以利用家庭劳动和社会活动将节能减排教育进行延伸与拓展，引导学生在实际行动中注意节能减排，应用所学方法与技巧，养成节能减排好习惯。

【举例说明2】

以高中通用技术课程"结构的概念和一般分类"教学为例。学生对建筑物、生产器械、生活和学习用具等非常熟悉，也知道它们都具有一定的结构，但没有形成关于结构的科学概念。结构在意识形态世界和物质世界有广泛应用，是人们用来表达世界存在状态和运动状态的专业术语。为了使学生得到"结构是组成整体的各部分的有序搭配和排列"这一认识，可以利用学生的前概念，从学生的生活出发，介绍饮食结构、形体结构、句子结构、建筑结构、计算机语句中的结构、围棋阵势中的结构等知识。在此基础上，通过设计、制作和评价适合学生的简单力学结构，就可以把学生引向本部分的重点内容"从力学角度理解的结构"的概念。再将学生作品与结合生活中各种常见的结构实例对比分析，形成对结构的一般分类的知识。这样能较好地在教学中渗透学科与社会生活发展的联系。

标　　准	结　果　指　标
6. 关于学生的知识	6.1 了解发展心理学、教育心理学以及其他相关学科关于学生的知识，并能初步用于学科教学和学生管理中。 6.2 了解学生身心发展的特点和学习规律。

6.1　了解发展心理学、教育心理学以及其他相关学科关于学生的知识，并能初步用于学科教学和学生管理中。

【内容要点】

(1)发展心理学在小学教学中的应用。

理解儿童发展心理学的基本主题，建构儿童心理发展的思考框架；掌握儿童心理发展阶段特征以及制约儿童心理发展的因素；了解儿童发展心理学的基本理论，并能从儿童心理发展的视角观察、分析和解决小学生成长中的问题；能根据小学生的心理发展特点，实施发展性教学。

(2)教育心理学在小学教学中的应用。

充分认识到教学情境中"学与教"互动过程特点；了解行为主义学习理论、认知派学习理论以及人本主义学习理论的基本观点及其局限性。掌握建构主义理论的知识观、学生观和学习观的基本观点等，并应用于教学和指导学生的学习；了解学生学习的实质、类型、学习过程和个体差异；了解学生知识的获得和技能形成以及态度与品德形成的心理过程、影响条件等，并能指导教学；熟知学习动机理论，注重激发小学生的学习兴趣，促进知识的意义建构，关注学习迁移能力的生成以及学生良好品德行为的形成，指导小学生掌握简单的学习策略，逐步引导学生学会学习，提高学习效率。

（3）发展心理学在中学教学中的应用。

理解儿童发展心理学的基本主题，初步建构儿童心理发展的思考框架；掌握儿童心理发展阶段特征以及制约儿童心理发展的因素；了解儿童发展心理学的基本理论，主要有：皮亚杰的"认知发展理论"、埃里克森的"心理社会发展理论"、华生的"行为主义理论"、维果斯基提出的"最近发展区"观点等；了解中学生的身体变化及其对心理发展的影响；理解中学生认知的发展、情绪、人格及社会性的发展，帮助中学生塑造健全的人格；并能从儿童心理发展的视角观察、分析和解决学生成长中的问题；能根据中学生的心理发展特点，初步实施发展性教学。

（4）教育心理学在中学教学中的应用。

了解教学情境中"学与教"互动过程的特点；了解行为主义学习理论、认知派学习理论以及人本主义学习理论的基本观点及其局限性；掌握建构主义理论的知识观、学生观和学习观的基本观点等，并应用于教学和指导学生的学习；了解学生学习的实质、学习过程、类型和个体差异，了解学生知识的获得、技能形成以及态度与品德形成的心理过程，了解学习动机理论，激发学生的学习兴趣，促进知识的意义建构与学习迁移能力的生成；能引导中学生掌握学习策略，逐步学会自我调节学习，提高自主学习能力；注重培养中学生的创造性思维和问题解决能力。

6.2　了解学生身心发展的特点和学习规律。

【内容要点】

小学生独立自主性和坚持性不够，自制力差，还不善于支配和控制自己的行为，观察事物往往注意事物的新鲜性、有趣性或是较为明显的特征。同时，由于生活范围和社会交往的扩大，心理发育面临着转折，有意记忆超过无意记忆成为记忆的主要方式；意义记忆逐渐占主导地位。逻辑思维迅速发展，在发展过程中完成从具体形象思维向抽象逻辑思维的过渡。幼儿期以具体形象思维为主导，10岁以后进入以逻辑思维为主导的阶段。已经能够掌握一些简单的概念，并能进行初步的判断、推理，但不能自觉地调节、论证自己的思维过程。事物、人物、活动的形状、颜色、声音、形象更容易引起他们的注意。

学习兴趣是促使小学生自觉从事学习活动的一种重要的推动力。小学生还不善于真正的学习活动，兴趣主要表现为对直接兴趣，缺乏深入探求事物内部规律的意识；求知欲主要表现为提问、探索、摆弄物体；对美的感受容易受事物外部的特征吸引，对美的体验仅仅与事物的具体形象相联系。

针对这一年龄阶段学生的生理和心理特征，提倡用可感而形象的技术作品来引导、组织学生的劳动技术学习活动。技术作品的表现形式多种多样，可以是一个模型、一件工艺品，也可以是一盘菜、一个生长着的植物等。通过作品的制作，学生可以获得材料认识、工具使用、操作程序、操作要领等方面的知识和技能，还可以通过作品引导学生的设计、交流、评价以及作品宣传等活动。

初中阶段，随着神经系统特别是大脑机能的不断发展，学生的皮层抑制机能也得到相应的发展，第二信号系统逐渐占主导地位，以抽象逻辑思维为主。初中生思维最主要的特点就是其思维的抽象性，这一特点体现在运用假设、逻辑推理、运用逻辑法则。同时也使得初中生的心理变得复杂多样，例如出现自我意识高涨、独立意识增强、反抗心理等。

学生的学习不再是只在教师指导下的认识活动，学生已经有了自己的主观意识，能够独立思考或采用合作的方式进行学习。

学生的认知过程不再受教师的教授活动的制约。学生有了自己的想法，更相信自己从实践中得出的知识或结果，并逐渐对理论性的问题以及需要开动脑筋积极思考的问题，产生极大的兴趣。同时，初中生积累了越来越多的间接经验，为了实现自己的目的，可以积极地开动脑筋思考问题，进行自觉学习。

求知欲主要表现为提问、探索、搜集资料、思考讨论；对美的感受不易受事物外部的特征吸引，对美的体验除了与事物的具体形象相联系，还加入了自己的个人主观意识。

针对初中学生身心发展的特点和学习规律，以培养学生的创新精神和实践能力为重点，遵循技术教育的基本规律，科学地设计、组织学生的劳动技术学习活动，注重各年龄段教育在内容上的衔接和方式上的协调，因地制宜地确立活动目标。

标　　准	结　果　指　标
7. 关于课程的知识	7.1 理解任教学科课程的性质、目标、内容、课程组织、课程评价等知识。 7.2 理解课程改革提出的理念，知道如何实践课程改革倡导的价值与行为。

7.1　理解任教课程的性质、目标、内容、课程组织、课程评价等知识。

【内容要点】

中小学综合实践活动课程

综合实践活动课程的总体目标是密切学生与生活的联系，增进学生对自然、社会和自我之间内在联系的整体认识和体验，发展学生的创新能力、实践能力以及良好的个性品质。内容包括信息技术教育、研究性学习、社区服务与社会实践、劳动与技术教育四大指定领域及相关非指定领域（如队活动、学校传统活动、学生之间的交往活动、心理健康活动等）的内容。

中小学劳动技术课程

在基础教育阶段，劳动技术课程是中小学生在教育者的引导下，通过独立活动或者与他人合作，在设计、制作、使用与维修等一系列劳动体验和实际探究的技术活动过程中学习技术知识，掌握技术操作，增强技术意识，提高劳动技术素养的一门基础课程。

小学作为技术素养形成的启蒙阶段，着重于培养学生的学习兴趣、基础技能及基本的操作规范。

初中对小学与高中阶段的学习起着承上启下的作用，着重于培养基本的技术素养，着重解决实际问题的实践能力。

劳动技术学习的评价应以发展性评价为主。评价的对象、方式、过程、手段都要以有利于学生发展为原则，既要关注学生技术知识与技能学习和操作的结果，更要关注他们在技术学习过程中的变化和发展。凡参与劳动技术学习与实践过程，完成或基本完成所规定的学习任务，都应当给予肯定。对那些设计和制作成果特别优秀的，或在技术活动中有所发明和创新的学生，应建立激励机制给予特别的鼓励。评价的方法应当灵活多样，除考试外，还可以采用作品展示、撰写心得体会、专题活动、相互交流、作品评定、自我评估、日常观察等多种形式。

高中通用技术课程

高中通用技术课程以提高学生的技术素养、促进学生全面而富有个性的发展为目标。学生将进一步拓展技术学习的视野，学会或掌握一些通用技术的基本知识和基本技能，掌握技术及其设计的一般思想和方法；具有一定的技术探究、运用技术原理解决实际问题以及终身进行技术学习的能力；形成和保持对技术的兴趣和学习愿望，具有正确的技术观和较强的技术创新意识；养成积极、负责、安全地使用技术的行为习惯，发展初步的技术能力和一定的职业规划能力，为迎接未来社会挑战、提高生活质量、实现终身发展奠定基础。

高中通用技术课程在以下几个方面形成目标上的独特追求：技术的理解、使用、改进及决策能力；意念的表达与理念转化为操作方案的能力；知识的整合、应用及物化能力；创造性想象、批判性思维及问题解决的能力；技术文化的理解、评价及选择能力。

【举例说明】

在劳动技术课程中，制作材料和工艺方面，小学可以利用比较容易加工的简单材料，主要有：纸、铁丝、小木片或木块、单股细导线、电池、薄金属片等；常用黏合材料和连接材料有：胶水、白胶、小铁钉、小螺丝钉等。简单加工工具主要有：美工刀、剪刀、钢丝钳、小榔头、手工锯、砂纸、剥线钳等。

初中可以采用短小的木条、夹板、薄木板等，学会对木材进行画线、分割、修整等技术，设计制作有一定创意的小作品。学习用手工钻或用小凿刀加工小孔的方法，学习用粘贴剂、铁钉或螺钉等连接、组装。也可采用金属丝或薄金属片等材料进行加工。学习对金属材料进行画线、分割、弯折、修整等技术，设计制作有一定创意的小作品。主要设备：台钳，建议用C字形小台钳；锉削工具，建议用多种形状的小锉刀。金属材料的连接，建议使用螺钉。①

---

① 选自《上海市中小学劳动技术课程标准》。

7.2 理解课程改革提出的理念，知道如何实践课程改革倡导的价值与行为。

【内容要点】

技术教育以学生发展为本，学生发展价值体现在知识、方法、品格、精神、文化五个方面，从小学到高中循序渐进地体现。技术教育的内容在学生知识结构中具有核心地位，是未来时代所需要的知识。突出技术思维方法的培养，引导学生正确地运用技术思维与核心概念解决实际问题，继承和发展人类在技术发展过程中积累的丰富经验和形成的有效方法。

技术课程的品格价值由两个层次组成：一是使知识转化为学生的思维方式和技能，引导学生认识技术的属性，提出自己的观点、主张，表明自己的态度，形成正确的观念。在这个过程中产生一系列判断、推理，导致情感的产生，在一定思想基础上产生的情感可以推动思想的发展。二是使思想内化为学生主观世界的组成部分。技术探究活动向学生展现丰富的设计思想，集中、稳定的思想及其导致的行为，经过反复实践，反复认识，成为学生主观世界的组成部分。

技术活动贯穿知识教育和科学精神教育的统一，培育学生质疑和批判的精神，增强对伪技术、假技术的鉴别能力。培养学生尊重规律，尊重他人的劳动成果，并养成宽容、理解、民主、开放、合作精神，容忍和理解别人的不同观点，容许别人对自己的观点提出疑问、批判或否定。培养学生做人求真的精神。求真的精神不单指向技术、社会，也指向自己。自己的精神和外表是统一的，自己的言行是统一的。

技术课程的文化价值体现于，使学生学会应用技术的核心概念思考问题，按照原则办事，经过几代人的努力，使现代技术素养内化为我们民族文化素质的重要成分；强调学生进行技术实践，培养实事求是、积极创新、合作等态度，促进积极、开放、务实的民族文化心理的形成；强调人与环境的关系，展现科学的活动过程就是美的创造过程，以优美的形象和科学原理、规律感染学生，使他们具有充实的精神生活和开阔胸襟。

标　准	结果指标
8. 关于教学的知识及学科教学知识	8.1 掌握有关教学目标、内容、过程、原则和方法、组织和管理及评价等方面的知识，并知道如何运用。

8.1 掌握有关学科的教学目标、内容、过程、原则和方法、组织和管理及评价等方面的知识，并知道如何运用。

【内容要点】

中小学综合实践活动课程

中小学综合实践活动课程以学生自主探究为核心；以实践活动为主要形式，使课堂教学活动化、课外活动课程化，闲暇活动教育化；以创新能力发展为目标；以过程性评价为主导。

在选择活动主题时要考虑从学生的兴趣出发，贴近学生的生活，有利于整合和利用校内外资源，活动的主题有利于转变学生的学习方式，尽可能选择带有综合性的内容，主题活动具有可行性。

高中通用技术课程

高中通用技术课程可采取抛锚式教学。

抛锚式教学的主要目的是"使学生在一个完整、真实的问题背景中，产生学习的需要，并通过镶嵌式教学以及学习共同体中成员间的互动、交流，即合作学习，凭借自己的主动学习、生成学习，亲身体验从识别目标到提出并达到目标的全过程"。

本研究中的"锚"，指的是项目或案例(一旦项目或案例确定了，教学的内容和形式也就基本确定了)。"锚"不仅是学习者应用已掌握知识的情境，更重要的是使用"锚"来帮助学生发现新学习的必要，从而树立学习目标的重要性。也就是说，教学应该帮助学生在完整的真实情境中确认学习目标。

技术探究活动的机制为：

(1)教师围绕"锚"来组织学习，根据情况为学生搭建"脚手架"。

对于教师来说，围绕"锚"组织教学比寻求所有的资源以完成任务要更易于掌握；对于学生来说，围绕某个"锚"进行学习有助于他们作好完成任务的准备；"锚"提供了一个共享的知识背景，这有助于学习者和其他成员相互合作，相互交流和积极地参与；"锚"提供了学习者自我敏感的形成性评价的基础，保证他们尽可能地从教学中获得更多的知识和理解。

"脚手架"应该根据学生的"最近发展区"而搭建，是为发展学生进一步理解而提供一定的支撑，使学生的理解逐步深入，不断地提高。

(2)学生被激励，主动学习。

学生理解问题解决和交流经验的最佳方式是积极地参与到活动中。例如，学生可以提出自己的解决办法，并与其他同学讨论以形成共享的更为高级的理解。

(3)通过合作学习，实现整体目标。

抛锚式教学的一个目标是创设有助于合作学习的环境。因为"锚"中描述的问题比较复杂，单个学生是无法完全解决的，因而合作学习是必要的。另外，"锚"的可视性特征使学生易于参与小组合作，即使对学业不理想的学生也能为小组学习作出自己的贡献，从而获得同伴的尊敬。

【举例说明】

以校为本，与学校各项活动整合开发课程资源①

1. 将学校的各类活动作为活动主题。如"智力七巧板大赛"活动中，组织三年级学生在综合实践活动课堂中开展了"有趣的七巧板"主题实践活动，不但熟练了摆拼七巧板的技巧，还调查了"七巧板"的起源与历史发展。开发智力的同时，学生们还了解了中国古代智力游戏文化，使其成为一次难得的传统文化教育的契机。

2. 将全校性的活动分解成各年级、各班的活动主题。如校"数学节"活动中，结合学校整体活动的目标和内容，在三年级、六年级综合实践活动课中开展了"九连环大赛"和"魔方大比拼"活动，利用课堂40分钟，与学生在自主的交流中掌握了九连环、魔方的玩法，在合作的学习方式里体验了自主学习的成果与乐趣。此外，在校"读书节"活动中，在三年级、六年级的综合实践课上开展了"我的第一本绘本书""校园课本剧"的制作与表演活动，让学生们充分发挥想象、施展编排、表演和绘画的特长，使学生们享受成功，增长自信、分享快乐。

3. 将学校组织的各种活动延伸出活动主题。如在一次"为我校患白血病的孩子捐款"的特殊升旗仪式后，我们开发了"生命只有一次——远离白血病"主题活动，与学生们分析了"白血病逐年递增"的原因，调查了各种危害生命的因素，将调查结果以板报、广播、倡议书的形式在学校和社区开展宣传活动，得到了社会和家长的支持与认可。

---

① 选自抚顺教育网，作者：朱洁。

标　准	结　果　指　标
9. 科学与人文素养	9.1 熟知祖国的历史和文化，有传承中华优秀文化的意识和行动，具有国际视野。 9.2 掌握丰富的科学技术知识及方法，深刻理解科学、技术与社会的关系。 9.3 具有较高的信息素养。

9.1　熟知祖国的历史和文化，有传承中华优秀文化的意识和行动，具有国际视野。

【内容要点】

发展水平处于本阶段的综合学科教师应能够：

（1）发现本学段教学内容中与祖国的历史和文化相关的部分，理解并挖掘其中所承载的教育价值。

（2）在教学中主动渗透、宣传、设计与相关中国传统文化和中华优秀文化的活动。

（3）能够从国内外的相关研究领域中学习并在教学中实施。

【举例说明1】

深入了解地方的历史、文化、民俗、社会风尚等人文知识，结合乡土教材、地方课程教材、校本课程等内容确定综合实践活动主题。对于国学、京剧、古琴、围棋、武术、中医、中国书画等国粹有所涉猎，了解中国传统文化的精髓，能够带领学生开展主题研究活动。

应具有国际视野，把研究的成果推广到更广阔的空间，传播中国传统文化的精华。例如，"明皇陵的魅力"教学案例①分为四个阶段：第一阶段：揭示主题、制订方案；第二阶段：收集资料、形成认识；第三阶段：整理资料、形成成果；第四阶段：总结提升、推广成果。在推广成果阶段，教师带领学生到明十三陵的长陵、神路等景区开展双语活动，把研究成果用英语介绍给参观明陵的外国朋友。

---

　①　选自小学综合实践活动教学案例"明皇陵的魅力"，执教教师：李建。

【举例说明 2】

以高中《技术与设计 2》第一章"无处不在的结构"的教学为例，教师引用了赵州桥的案例，赵州桥被誉为"天下第一桥"，其结构合理，造型美观，堪称是精湛的建筑艺术的珍品。赵州桥最大的科学贡献，则在于它的"敞肩拱"的创造，为世界桥梁史上首创。通过赵州桥经典结构的欣赏使学生了解赵州桥所运用的高超的建筑技术、优美的建筑艺术，以及赵州桥所蕴含的丰富的社会文化等人文内涵，培养了学生的审美能力，也增强了学生的民族自尊心和自豪感。[①]

9.2 掌握丰富的科学技术知识及方法，深刻理解科学、技术与社会的关系。

【内容要点】

(1)能明确阐述本学段所涉及的基本科学知识与方法，并能在理解这些知识方法的基础上将其运用于具体的技术教学情境中。

(2)技术与社会的关系包括：技术对文化、社会、经济及政治的影响；技术对环境的影响；社会在技术开发和利用上的作用；技术对历史的影响等。

(3)科学与技术是紧密相连的。对自然界的科学理解是当今多数技术开发的基础，技术也是大部分科学研究的基础。

9.3 具有较高的信息素养。

【内容要点】

具有较高的信息素养，能够通过多种的途径和方式获取信息，对获得的信息进行科学的分析和评价，合理使用信息。信息素养包含诸多方面：使学生确立自学及终身学习的水平；对信息源及信息工具的了解和运用；必须拥有各种信息技能，如对需求的了解及确认，对所需文献或信息的确定、检索，对检索到的信息进行评估、组织和处理并作出决策等。概括地说，完整的信息素养应包括三个方面：文化素养(知识层面)、信息意识(意识层面)、信息技能(技术层面)。

---

① 张立峰：《通用技术教学也应"涵养"学生的人文素养》，载《新课程》，2008(1)。

维度二　专业实践

领域三　促进学生的学习与发展

标　　准	结 果 指 标
10. 创造良好的学习环境	10.1 建立和谐的师生关系，创设安全的学习环境和民主的学习氛围，鼓励学生积极思考。

10.1　建立和谐的师生关系，创设安全的学习环境和民主的学习氛围，鼓励学生积极思考。

【操作要点】

综合实践活动课程具有很强的自主性、实践性和开放性，有很多活动是学生在教师不在场的课余时间学生自主、独立完成的，学生经常会走出校园，走进社区，亲近自然，与社会、自然近距离接触，其中的安全隐患很多，往往是意想不到的。因此，教师平时对学生要进行安全教育，时时提醒他们遇事遇人要有安全意识，事事防范、处处小心。针对学生的外出活动，教师提前要有安全预案，包括要亲自提前实地考察以了解情况，综合多方面因素全面考虑设计活动路线，准备必备药品等。教师应该尽最大可能亲自参与学生的课外实践活动。

在课堂上，要鼓励学生积极思考，要留给学生足够的时间。一节课的时间是有限的，要使学生有充分思考的时间，教学设计时应注意，除了在重点、难点方面要精心设计，在引导、启发、表述、赏析、评价、小结等内容和活动上也要作精心安排，尽力使课堂上的每一个活动环节都能起到推动学生积极思维的作用。

对于高中通用技术教师，根据通用技术学科特点，应开设金工、木工、电子、设计等专用教室作为课程的资源。大型加工工具倚墙而放，小型工具收纳进专门的仪器柜子中，电子教室注意电源和器材的安全和保养，大型工具使用由教师在旁具体指导。教师管理好钥匙，保持室内清洁、整齐、确保学生安全操作。教室里张贴教室安全制度，整体布置应该有该专用教室的特点，可以设展柜展架用于放置相关作品，色彩上应该用偏冷的蓝色或绿色，有助于学生安静下来。教师要能对学生技术实践操作中存在的安全隐患进行分析与预测，在此基础上灵活调整实践活动的要求、内容或形式；能够对工具、设备做适当改进。能采取适当的安全防范的措施。

标　准	结　果　指　标
11. 设计合理的教学方案	11.1 能够基于学科课程标准、学习内容和学情分析，确定具体而清晰的教学目标并准确表述。 11.2 能够准确把握教材的基本内容及其联系，善于挖掘教学内容在学生发展中的价值，确定学习重点。 11.3 能够准确地确定学习难点，并有效突破难点。 11.4 能够依据教学目标和内容设计具有逻辑性的教学流程、教师活动和学生活动。 11.5 能够依据教学目标设计合理的评价方式。 11.6 能够提供相应的学习资源。

11.1　能够基于学科课程标准、学习内容和学情分析，确定具体而清晰的教学目标并准确表述。

【操作要点】

(1)客观地分析学情。

①教学设计关注学生的学习基础(知识、技能、方法)。

②调研学生新知识形成过程中可能遇到的困难。

③根据调研资料全面分析学生的学习任务。

(2)准确地确定教学内容。

根据课程标准或指导纲要的要求以及教材内容和学生的学习基础，准确地确定教学内容。

(3)确定并表述教学目标。

①教学目标应符合课程标准的要求。

②目标确定具有依据，与教材分析和学情分析密切相关。

③知识与技能目标的表述具体、贴切，具有可观察或可检测性。

④过程与方法目标的表述有可操作性。

⑤三维目标表现为一个过程的多个方面，能进行有机整合。

【举例说明】

高中通用技术课程"简单结构的设计",是由结构设计应考虑的主要因素、简单结构的设计案例两部分组成的。教师根据课程标准、学习内容、学情分析,确定教学目标并进行准确表述①:

(1)熟悉一个简单结构设计应考虑的主要因素。

(2)能设计一个简单的相片架、桥梁或秋千架,制订出一份完整的设计方案,其中包括设计说明与设计图纸,并做出模型或原型。

(3)经历对生活中常见结构设计产品的分析,能够熟悉简单结构设计应考虑的主要因素。

(4)经历相片架、桥梁或秋千架的设计过程,能够掌握结构设计的基本思想和方法。

(5)通过欣赏优秀结构设计,体会结构设计对日常生活与生产活动的重要性。

(6)体验结构设计过程中遇到的困难,感受解决问题之后获得的喜悦,进一步提高自己创新设计的能力。

分析:该教学目标的表述体现了知识技能、过程与方法、情感态度价值观等维度的内容,使用了恰当的行为动词,描述具体、明确,具有可操作性。

11.2 能够准确把握教材的基本内容及其联系,善于挖掘教学内容在学生发展中的价值,确定学习重点。

【操作要点】

(1)分析教材内容体系,明确各部分在整个教材中的地位、功能以及前后联系。

(2)根据学生的认知特点及教学条件,在保证完成课程标准或学科相关指导文件规定的教学内容的前提下,对教材进行取舍、改编。

(3)把对教材的"知识—方法—能力"的分析结合起来。

(4)对知识的纵向与横向联系有清楚的认识,有意识将知识置于某一个知识或能力框架内进行分析。

(5)能够在准确把握教材内容的基础上,在一定的教育理论指导下,挖掘本单元知识在学生发展中的教育价值。

---

① 参考北京市东城区高中技术教师张晓媛"结构设计"教学案例。

11.3 能够准确地确定学习难点，并有效突破难点。

【操作要点】

教师要在对教学内容、学情分析等基础上确定学生学习的难点。教师确定和突破教学难点时需要注意：

(1)同一个内容对于不同的学生，有的是难点，有的未必是难点。

(2)教师应结合学生的生活经验、知识基础和认知水平进行调研和分析，从而判断出针对一般学生而言的难点。

(3)针对难点，教师要恰当选择教学策略以帮助学生突破难点。

突破难点通常的方法有：分散难点，各个击破；联系实际，举例说明；加强比较，区分异同；直观呈现，增强感知；梳理关系，层层解剖等。

11.4 能够依据教学目标和内容设计具有逻辑性的教学流程、教师活动和学生活动。

【操作要点】

确定了教学目标和教学内容，还需要考虑教学内容的组织与呈现。教学内容的组织涉及两次逻辑转化，即将教材逻辑转化为学科逻辑，将学科逻辑再转化为学生的认知逻辑，只有这样，组织起来的教学内容学生才易懂、易会。

很多课的问题不是出在教师讲解上，而是教学逻辑出了问题。有的是教学逻辑不清楚，导致教学费时低效；有的是教学内容的组织逻辑缺环或多环，造成学生的学习障碍。

综合学科教师应能够对教学活动的过程和内容进行概括和提炼，尤其对大主题、长周期的活动，要用直观、简洁的表格或流程图呈现出来，清晰表述活动过程各个阶段的师生活动，使师生都能整体了解、把握活动的基本过程和全貌。

【举例说明1】

中小学综合实践活动课程具有开放性、实践性、生成性的特点，活动类型有课题研究、项目设计、动手操作(制作)等基本形式，但不论哪种形式，都应体现"创设情景—提出问题—设计方案—实践探究—形成认识—成果展示—反思提高"的"学习环"过程，通过这种强化训练，使学生逐渐掌握解决问题的一般途径和方法。教师要强调"过程"、注重"生成"，使学生活动具有循环性、丰富性、深刻性，从而培养学生发现问题、解决问题的能力，达到培养兴趣、发展能力的教育目的。

【举例说明2】

以高中通用技术课程"简单结构的设计"为例。[①] 本节课教学可以采用图片与实物展示，采取教师引导与学生讨论、亲历设计活动相结合的方式进行教学。教师要以结构设计制作为重点来带动整节教学内容。同时应引导学生复习《技术与设计1》中的相关知识，把相关的设计思想与方法应用到结构设计中；在设计分析中体现出结构的稳定性、强度等理论知识对设计实践的指导。

(1)如何让学生理解"结构设计应考虑的因素"的重要性？

用结构设计中的一些错误，说明抓住主要因素的重要性，如设计缺陷导致法国戴高乐机场坍塌事故。

(2)如何让学生分析"结构设计应考虑的因素"？

根据学生特点结合生活中多种结构设计，如儿童自行车、婴儿床、书柜、阳台、台灯等引导学生自主思考。

(3)如何对"设计的规范性要求"进行教学？

这一部分是学生不熟悉的内容，教师可以直接把资料给学生或是让学生从网络搜集。

(4)如何让学生对设计任务产生兴趣以及更好地完成教学目标？

可以通过展示生活中优秀结构案例、选择恰当的结构设计项目、让学生做前期资料搜集等方式。同时注意选择具有竞争性的结构设计任务，如利用规定材料搭建承重结构。教学中布置多个设计任务适合于不同层次的学生。

(5)应如何安排学生完成设计任务？

要求学生通过个人设计、组内讨论、确定方案、分工制作、作品测试等步骤来完成设计任务。关键阶段最好在课上进行。

(6)如何指导学生进行"设计分析"？

教师应从"结构设计应考虑的主要因素"入手指导学生进行设计分析，结构的"稳定性"与"强度"是这一章的重点，指导时应有侧重。但也要适当让学生从人文的角度看待设计项目。

---

① 参考北京市东城区高中技术教师张晓媛"结构设计"教学案例。

(7)如何保证设计分析与设计方案的制订两个环节能够顺利进行?

先给学生设计好活动表格,这样可以规范学生的设计行为。例如:

活动内容:简单的结构设计		
班级:	组号:	小组成员:
设计项目		
设计要求		
设计分析(需要考虑的主要因素与相对应的结构特点)		
设计方案		
设计说明	材料与工具	
	设计对象概述	
	安全信息	
	制作方法	
	使用方法	
设计图纸(草图与加工图)		

11.5 能够依据教学目标设计合理的评价方式。

【操作要点】

(1)评价方法多种多样,可以有书面测试、方案和作品评析、过程记录卡、访谈、活动报告等。

(2)不同评价方法各有特色,适合不同的评价对象,评价首先要依据教学目标的内容来选择和运用合适的评价方法。

(3)通过观察学生在讨论、学习研究活动中的表现来评价学生,重视学生的自评和互评,评价结果采用评语和等级评价相结合的方式。

【举例说明】

以高中通用技术课程"简单的结构设计"为例,采用自评、他评与教师评价相结合,既注重对设计成果的评价,也要考虑对过程中的评价,设计统一的评价表。[①]

---

① 参考北京市东城区高中技术教师张晓媛"结构设计"教学案例。

作品评价表						
班级： 组号： 小组成员：						
组号	1	2	3	4	5	6
作品名称						
功能						
强度						
稳定性						
安全						
造型						
工艺						
人的个性化需要						
总体评价						
评价要求：(1)公平、合理　(2)评价按 A、B、C、D 四个等级划分						

11.6 能够提供相应的学习资源。

【操作要点】

课程资源应该经过教师的精心筛选，需达到下面的要求：

(1)有利于活动目标的达成。

(2)有利于学生活动过程的推进。

(3)有利于活动成果的呈现。

【举例说明】

考察家乡的自然保护区、参加敬老院社区服务、规划校园环境等活动中，自然保护区、敬老院、校园是资源，同时，教师、学生、家长、相关人员也是资源，但是利用这些资源并不是仅仅关注其本身，应该注重活动目标、活动过程、活动成果等设计的需要，要注意体现活动课程的特点，符合学生的探究、体验和认知的规律。

标　准	结　果　指　标
12. 实施有效的教学活动	12.1 能够引导学生积极参与学习活动。 12.2 能够合理安排教学时间，运用恰当的教学策略，突出学习重点、突破难点。 12.3 根据教学内容，选择恰当的互动形式组织教学；能够调控教学进程，及时处理课堂上的突发事件。

12.1 能够引导学生积极参与学习活动。

【操作要点】

(1)将学生的已有知识、生活阅历和兴趣与学习目标联系起来。

(2)利用不同的教学策略与资源来满足学生的不同需求。

(3)在那些有助于提高学生学习主动性、互动性和决策能力的学习活动中，帮助他们减少学习困难。

(4)促进全体学生自主地、反思性学习。

12.2 能够合理安排教学时间，运用恰当的教学策略，突出学习重点、突破难点。

【操作要点】

(1)突出重点的教学策略。

①不放过与重点内容有关的每一个细节，要让学生切实理解每个重要的核心知识点。

②深刻理解问题的本质，渗透特有的思维方式。

③重视知识的回顾与再现，及时复习巩固所学知识。

④注意阅读适量的课外书籍，丰富知识，开阔视野。

(2)突破难点的教学策略。

①分析难点的性质：一般为比较抽象的，需要比较复杂的思维过程的内容，或是琐碎而不易激发学生学习兴趣的内容等。

②传统做法习惯于将教学难点分解开来，分解成一个个小问题，搭建"脚手架"。这样步子小、难度小、台阶多，能在教师的精心设计安排下"水到渠成"。

按照建构主义理论，在教学中设置生动的问题情境，使学生面临解决难点的疑惑，引起思维冲突，激起学习情感，产生主动探究的愿望，使学生在不断的错误尝试中找到正确的规律，建构自己的认识。

12.3 根据教学内容，选择恰当的互动形式组织教学；能够调控教学进程，及时处理课堂上的突发事件。

【操作要点】

在课堂教学中，难免会发生一些突发事件，打断教师的教学行为和师生们的思路，转移学生的注意力，甚至影响教学的正常进行。教师遇到突发事件要能做到处乱不惊，这就要求教师平时加强学习，不断丰富自己、充实自己，增加教育智慧。处理这样的突发事件可以有如下方法：

(1)要熟悉教材、教法，熟悉学生的学习情况，熟悉学生的个性品质。教师要想处理好课堂上的突发事件，必须做到这"三熟"，只有这样才能充分估计到学生可能出现的情况。

(2)教师对教学过程中不同活动之间的联系要进行精心设计，教师对活动中可能生成的问题、活动效果要有预案。例如，预设多种活动方案、预想不同的活动结果和成果形式、预先收集大量相关活动资源、走访相关专业人员、调查了解学生的家庭生活背景等方面，做好应对学生临时生成新问题准备。

(3)处理好课堂突发事件还应注意教师在处理方式和方法上一定要灵活机动，教师的教育方法要因人而异；采取的手段要尽量多样化，尽量使学生在心理上取得认同，并要防止学生行为上的反复；教师的语言运用要恰当。

【举例说明】

一位高中通用技术教师在上"做一名优秀的设计师"的课时，讲到"蝙蝠与雷达"的内容时，突然一只鸟儿从窗外飞进教室，课堂一片哗然。教师马上抓住这个"不速之客"作为活教材，从鸟儿联系到了蝙蝠，从蝙蝠联系到了雷达，不仅没有影响课堂教学，而且丰富了课堂教学的内容。[①]

标　　准	结　果　指　标
13. 培养良好的学习习惯与指导学生学会学习	13.1 在课堂教学与课外指导中，高度重视、坚持不懈地培养学生良好的学习习惯。 13.2 指导学生习得自主、合作、探究的学习方式。 13.3 熟悉多种学习策略，能够进行策略性知识的教学。

13.1　在课堂教学与课外指导中，高度重视、坚持不懈地培养学生良好的学习习惯。

【操作要点】

(1)能够针对班级和学生的实际情况，有针对性和重点地进行学生学习

---

① 邱驹：《通用技术教学的三大策略》，载《广东教育·教研》，2006(7)。

习惯的培养。

(2)经常在课堂教学中，设计具体任务和活动，培养学生的学习习惯。

(3)更加重视核心的学习习惯，比如思考习惯、提问习惯、操作习惯等。

(4)在教学评价中注意对学生学习习惯养成的评价，鼓励学生养成好的习惯。

(5)能够对某些学生或某些学习习惯的培养进行专题的研究。

13.2 指导学生习得自主、合作、探究的学习方式。

【操作要点】

(1)教学中能够设计更多的自主学习活动，留出更多自主学习时间，引导学生自主学习。

(2)布置一些自选的学习任务或分层次的作业，引导学生在课外自主学习。

(3)要求学生做一些节假日的学习计划，培养学生自主学习能力。

(4)尝试改变以教为主的教学模式，更多采用以学为主的教学模式。诸如自学辅导、先学后讲、学生讲课等。

(5)更多地采用合作学习方式，组织学生开展合作学习的方式。

(6)能够比较合理地设计合作学习活动，能够注意分配学生角色、提出恰当的合作学习任务、注意合作学习的效果与评价。

(7)注意引导学生通过观察、思考提出问题，引导探究的兴趣。

(8)能够设计比较恰当的问题、情景，组织学生开展探究学习。

【举例说明】

如中小学综合实践活动中，以"动物保护"为主题的角色扮演活动(合作学习)可以这样设计：

一是要设计好主题及场景。所选课题要尽量让学生有话可说，有事可做；给学生的任务既不能太难，也不能太容易，要稍稍超出学生的能力，对学生有挑战，能产生成就感，这样有利于培养学生兴趣和激发热情。

二是要提前准备。可提前几天布置题目，让学生事先对自己承担的角色做好充分的准备(进入学习过程)，便于提高活动的质量，促进学生学习方式变化。

三是要准备道具。角色扮演法是要在一种模拟场景中进行的，模拟场景尽可能要逼真。场景中的设备必须与现实的情景相似，使演示过程中具有真实性，从而提高学生对演示的兴趣，激发学生的表演欲望。

四是要有延伸空间。让学生充分发挥主体积极性，通过真实的角色扮演活动来学习，可以超越预先的设计。

13.3　熟悉多种学习策略，能够进行策略性知识的教学。

【操作要点】

(1)系统掌握学习策略的结构和内容，对不够熟悉的策略加以学习和研究。

学习策略包括元认知策略、认知策略、资源管理策略等，认知策略又分为输入信息、储存信息、加工信息、输出信息各环节的学习策略等。

(2)更加关注学生元认知策略和深层次学习策略的培养。

(3)了解学生学习风格和学习差异的含义和内容，认识到差异的意义。

(4)注意采用分层次的、分类的、多元化的教学策略与模式，使自己的教学能够更好地适应学生的差异。

(5)教学过程中更加重视对学生的学习策略指导。

(6)能够通过多种方式调动学生的学习积极性，激发学习动机。

标　准	结果指标
14. 开展多元的学习评价	14.1 能够指导学生进行自评。 14.2 能合理评价学生的学习过程。 14.3 能够采用合理的方法检测学生的学习效果。

14.1　能够指导学生进行自评。

【操作要点】

(1)通过设计学生自评和互评的活动给学生参与学习评价的机会。

(2)引导学生制定阶段学习的目标。

(3)向学生示范评估的方法和策略；如评估过程中使用成长记录袋，可以使学生参与评价。

(4)帮助学生形成自我反思技巧；如通过学生撰写学习小结对学习情况进行评价，也可以组织学生将自己的学习小结在班级展示交流，并自我反思。

【举例说明】

例如，小学劳动技术课中制作小车模型活动，活动时教师给每个小组发一张制作小车活动的记录单，活动记录单上重要的一项就是评价。评价包括小组自评与小组互评。自评与互评有统一的评价标准，包括草图、不掉车轮、车轴不晃、车架不变形、运动距离远、小车行进直线、修改理由充分有效、新颖有创意等。

在互评环节，每个小组都要上台展示自己的小车，讲述自己的小车制作理念，制作过程中遇到的困难以及如何克服，讲述制作过程采用了哪些方法并达到了怎样的效果，以及小车模型制作时还有哪些问题和困惑。在讲述过程中要接受其他小组的提问。这样的展示活动对教师了解学生对小车相关知识的学习效果有很大帮助。

自评互评可以采用如下表格：

是否有不清楚的知识	是否参与启发同学	你想出哪些测试方案	组内测试参与的分工	是否注意与他人配合	操作中克服了什么技术困难	自认为应改进什么	对自我表现满意等级

对知识掌握，测试技能展现非常满意——A 等；

对知识掌握，测试技能展现比较满意——B 等；

对知识掌握，测试技能展现基本满意——C 等；

对知识掌握，测试技能展现很不满意——D 等。

学生自评互评后，教师建立学生电子档案（学生课堂学习的调查表，学生的得意作品，"自我评议表"和"组员评议表"等），注重过程，形成合理的评价机制。

14.2 能合理评价学生的学习过程。

【操作要点】

关注学生的学习过程，充分利用表现性评价，包括学习日记、课堂观察及成长记录袋等。例如，引导学生以小组为单位撰写研究性学习调查报告，教师可以给他们提供一定的体例、格式甚至范例。

课堂观察表可以帮助教师了解学生的学习过程。观察表的内容可以包括：学生运用学科知识解决问题的能力情况；工具仪器的使用技能是否熟练；学生是否积极、认真、自信，是否善于与人合作；学生思维的创造性等多方面。

【举例说明】

以高中通用技术实践评价为例。关注学生的学习过程，注意在学生实践的不同阶段进行评价。在准备阶段，对能够明确技术实践的目的、原理，了解了仪器的性能作用以及使用方法，做好记录准备的学生及时评价；对提出不同设计的学生表达出欣赏与肯定；在操作阶段，教师应通过巡回指导，针对学生的规范操作、准确观察、故障排除、清晰记录，仪器整理归位等情况对学生进行定性的过程评价；在总结阶段，根据学生的作品、问题分析与解决、操作的体会等情况合理选择定性与定量评价相结合的评价方式。

14.3 能够采用合理的方法检测学生的学习效果。

【内容要点】

检测学生学习效果进行的方式很多，如观察、访谈、学生展示、测试等。学生课堂练习的成绩，模块考试试卷分数，学生分阶段制作作品的成绩等，都可以很好地实现检测目的。学习效果检测主要是检查达到教学目标的情况，或说是学生掌握知识、技能与态度的情况，可以看做是终结性评价。

需要注意的是，无论选择哪种评价方法，教师都要考虑具体的教学目标、教学内容、教学活动的具体特点，结合班级规模、时间和经费以及其他现有条件，选择有针对性、高效益的评价方式。要注意综合运用多种评价方式，相互补充。

标　准	结　果　指　标
15. 促进有效的课堂管理	15.1 能够根据班级实际状况，运用有效的方法组织教学，顺利完成教学任务。 15.2 根据反馈信息灵活调整教学内容和进程。

15.1 能够根据班级实际状况，运用有效的方法组织教学，顺利完成教学任务。

【操作要点】

教师根据班级实际情况，运用有效的教学方法组织教学，顺利完成教学任务。

(1)善于根据教学内容和班级的实际状况,采用课堂教学、活动课、课外活动等组织形式进行有效教学。

(2)创设使学生积极参加学习过程的情境,使学生自觉遵守课堂纪律,并学会自我管理。

15.2 根据反馈信息灵活调整教学内容和进程。

【操作要点】

(1)教师能关注学生学习过程中的真实反应,抓住关键,对学习的重点、难点内容投入科学、合理的时间与精力,确保这些内容由学生自己建构而获得。

(2)能从学生真实需要出发,解决学生的主要问题,能够在教学内容的顺序、时间、难易、深广度、快慢等方面做出客观、合理、实用的调整与决策。例如,能诊断学生困惑的根源,选择有针对性教学方法。

(3)具有教育智慧,对于课堂的突发事件及学生学习过程中生成的新问题,能够及时做出恰当地反映,准确、灵活地调整教学内容与进程。

标　　准	结果指标
16. 渗透思想品德教育与生活技能教育	16.1能够深入领会思想品德教育和生活技能教育的知识和方法,并在教学中渗透。

16.1　能够深入领会思想品德教育和生活技能教育的知识和方法,并在教学中渗透。

【操作要点】

采取多样、有效的方式渗透思想品德教育和生活技能教育。

(1)学科教学方式渗透。在中小学开设的综合实践活动课程、劳动技术教育课程以及通用技术教育等课程中,在教育教学过程中有意识地渗透。

(2)专题教育方式渗透。安排一定的时间,采用专题的方式,通过讨论、示范、参与、体验、训练等过程渗透教育。

(3)班会、团队活动方式渗透。以班会、少先队和团员活动为载体,渗透生活技能教育,培养学生正确认识自己和他人,发展良好的人际关系。

(4)竞赛方式渗透。通过各种竞赛活动，如学科知识竞赛、劳动技能比赛、手工制品比赛、电脑作品竞赛、机器人竞赛、演讲活动竞赛、运动项目竞赛等，促进学生生活技能发展。

(5)社会实践方式渗透。通过利用社会资源和组织学生参加校外社会实践活动，培养学生思想品德和生活技能的方式，如开展社会实践活动、社区服务、社会历史文化调查、参观博物馆、名胜古迹和公园；参观打工子弟学校、敬老院等场所；参加冬令营、夏令营等活动。

(6)国际交流方式渗透。通过跨国、跨境的校际交流、学生社团交流、学生访学交流等形式，促进学生发展。

标　准	结 果 指 标
17. 实施积极的安全教育与健康教育	17.1 了解促进学生心理健康的知识和方法；关心学生的身体健康，鼓励学生积极锻炼身体。 17.2 引导学生树立自我保护的意识，提升自我保护的能力。 17.3 对学生的人身安全、网络信息安全、用电设备安全有高度的责任感，遇有突发事件时，积极采取有效措施救助学生。

17.1　了解促进学生心理健康的知识和方法；关心学生的身体健康，鼓励学生积极锻炼身体。

【操作要点】

(1)教师应熟知心理健康的标准，一般包括以下几方面：正确的人生态度，满意的心境，和谐的人际关系，良好的个性，适度的情绪。

(2)教师应知道青少年学生主要存在的心理健康问题的来源，主要表现在：学习压力大，对挫折承受能力差；人际关系不协调，师生关系紧张；自信不足，早恋问题困扰等。

(3)教师应知道促进心理健康教育的方式方法。通过心理辅导活动课程、学科教学、个别化的心理咨询等都可以完成心理健康教育。作为学科教师，通过教学也可以落实心理健康教育。通过教育活动，遵循学生学习的规律，培养学习的兴趣，训练学习思维，营造健康和谐的学习氛围。在教学活动中，教师的人格品质、学术水平、教学风格、教学态度、情感表露、人际关系、敬业勤业等都是学生的表率，学生可以得到除知识以外的心理教育和辅导。

17.2 引导学生树立自我保护的意识，提升自我保护的能力。

【操作要点】

积极开展"中小学生安全教育"系列活动，结合学生所处的学习环境要进行安全教育、人身防护教育，有针对性地在学校开展"避震、防火"等活动，在学生中广泛宣传"安全第一"的相关教育活动，引导学生形成乐观的自我保护意识，培养积极的安全健康人格特征，提高学生的自我保护能力。

17.3 对学生的人身安全、网络信息安全、用电设备安全有高度的责任感，遇有突发事件时，积极采取有效措施救助学生。

【操作要点】

(1)教师要高度关注每一个学生的安全。

(2)教师是学生安全的重要责任人，是中小学安全教育工作的重要实施者，《中小学公共安全教育指导纲要》规定了公共安全教育的主要内容包括：预防和应对社会安全、公共卫生、意外伤害及突发事件、网络信息安全、用电设备安全、自然灾害以及影响学生安全的其他事故或事件等模块，其核心就是中小学生安全的预防与应对。因此教师必须树立起安全意识，重视安全教育，增强安全责任感，明确教师的安全职责。

(3)教师注重积累对突发事件的处理经验与有效的施救方法，并能运用这些方法，在需要时运用。

领域四　教育教学研究与专业发展

标　准	结　果　指　标
18. 教育教学反思与行动研究	18.1 变经验性教学为反思性教学，提升教学实践合理性。
	18.2 能够根据专题，进行初步研究。
	18.3 尝试使用观察法、调查法、文献法、案例法、叙事研究和经验总结法等教育科研方法。
	18.4 了解研究成果的表现方法。

18.1 变经验性教学为反思性教学，提升教学实践合理性。

【操作要点】

(1)借助教学反思和行动研究不断地探究与解决在教学过程中遇到的问题，把教师"学会教学"与学生"学会学习"整合起来，提升教学实践的合理性。

(2)变经验性教学为以教学反思为中心环节的反思性教学，加快向卓越教师过渡。

18.2 能够根据专题，进行初步研究。

【操作要点】

(1)能将专题转化为课题。

(2)会查阅相关资料了解该问题的研究现状。

(3)会选择比较恰当的研究方法。

(4)知道这些方法的操作步骤与应用时要注意的问题。

(5)能根据研究过程形成文本成果。

18.3 尝试使用观察法、调查法、文献法、案例法、叙事研究和经验总结法等教育科研方法。

【操作要点】

教育科学研究的一般步骤：

(1)发现问题。从自己的教育教学实践或者文献信息中找到可供研究的问题，再从问题的可行性、真实性、明确性和实用性等角度聚焦问题，使之成为能够研究的问题。

(2)把问题转化成课题。对选定的问题进行必要的主题提炼，加工成有意义的、表述准确的、切实可行的研究课题。

(3)制订课题研究方案，要对课题名称、研究的目的和意义、研究内容和范围、研究方法、研究计划、预期成果等内容进行说明。

(4)根据预定方案实施课题研究。

(5)分析和整理研究资料，从中提炼出有价值的信息。

(6)撰写课题研究报告，对研究成果进行归纳和总结。

【举例说明】

以调查研究法为例。

调查研究法是在教育理论的指导下，通过观察、问卷、测验、访谈、座谈、查阅文献等手段，搜集教育问题的资料，从而对教育状况作出客观描述，并进行科学分析和提出调查结果和建议的研究方法。例如了解高中生对通用技术课程的认同情况、了解学生对哪些研究性课题感兴趣等问题就可以采用调查研究方法。就调查过程的顺序而言，主要有下列几个步骤。

(1)确定调查课题。

(2)选择调查对象。调查对象要根据调查课题和调查目的来选取。调查对象对总体的代表性程度，直接影响到调查结论的准确性和科学性。

(3)确定调查方法和手段，编制和选用调查工具。

(4)制订调查计划。调查计划是对调查研究工作所作的具体规划和安排。调查计划一般包括以下几个方面：调查的目的和意义；调查内容提纲和内容的操作性说明；调查对象的总体、样本数量和抽样方法及其要求；调查手段及工具的说明；调查工作的步骤及时间安排等。

(5)实施调查。调查实施的过程，就是资料的搜集过程，即运用调查手段，接触调查对象，从中搜集第一手资料。搜集的资料力求全面，注意资料的典型性、客观性和真实性。

(6)整理、分析调查资料，撰写调查报告。

18.4　了解研究成果的表现方法。

【操作要点】

(1)教育研究成果是研究者对所从事的教育研究过程和结果的高度概括和科学总结的产物，包括教育研究报告、教育科研论文、教育专著和教育科研成品。

(2)研究成果有不同类别，不同的研究成果表现方法不尽相同。例如，行动研究成果一般有教学课例、教育案例、教育叙事、研究日志等；调查研究的成果一般是调查报告等。

(3)研究成果表述应遵循科学性、创造性、规范性等要求。

【举例说明】

以研究报告撰写为例。研究报告至少应达到如下3点要求：

(1)要详尽地反映研究工作的全过程，包括研究目的、研究方法、研究结果等。

(2)要反映研究者对该研究课题所持的结论，要阐明这个结论是怎样分析得出的。

(3)研究报告和总结中所提出的观点要鲜明，涉及的方法必须具体描述。材料要充分，如报告中涉及的一些数据和实例都应该具有一定的信度，而不是编造出来的。教育科学研究报告的撰写没有统一的模式，但一般可分为如下 6 个部分：

①序言(问题的提出)。这一部分主要阐述该研究课题的目的意义，说明该研究课题的背景材料以及该研究课题是怎样被提出来的。

②研究过程与方法。这一部分应详细叙述研究该课题所采用的方法和研究工作的整个过程，包括对研究前准备工作的描述，如研究对象的选择，抽样方法的采用等。

③研究结果的整理、检验与分析。这是属于数据处理的部分。要求能把研究结果直观、形象地显示出来。在表述上可以进行典型事例的分析，有时还可以把各种测定的数据按照内容列出标题，用统计图表列出来。

④讨论。这是对该研究课题涉及的理论、方法以及尚未明确的问题作适当的讨论和补充说明。例如，对研究课题中所采用的研究方法和研究效果的可靠性作适当的讨论。

⑤结论。这是有关研究该课题所得出的结论部分。对于研究结论的措词要认真推敲，要力求确切地表达出研究的成果。

⑥参考资料。在研究报告的最后部分，把与研究该课题有关的重要文献和著作列出来，包括在报告中引用过的资料、观点和语句的出处。

标　　准	结　果　指　标
19. 团结协作与经验分享	19.1 能够把个人发展目标与学校发展目标相结合。 19.2 善于发现和学习他人的优点，能够换位思考，主动提供自己的经验。 19.3 具有通过合作解决问题的意识。

19.1　能够把个人发展目标与学校发展目标相结合。

【操作要点】

(1)对学校具体工作目标与本校愿景有足够的认识。

(2)在工作中组织和引领本组教师，结合本职工作，制订相应的行动计划，并付诸实施，为实现本校的办学愿景作贡献。

(3)根据本校办学的发展愿景，确定自己的发展目标，并适当调整自己的知识与能力结构。

19.2　善于发现和学习他人的优点，能够换位思考，主动提供自己的经验。

【操作要点】

(1)组织或积极参加学校关于教师经验分享的活动，在其中扮演一定角色。

(2)发现同事有益的经验和教学创新点，并依此提出交流和讨论的话题。

19.3　具有通过合作解决问题的意识。

【操作要点】

深刻认识到学校发展和学生发展需要不同年级、学科和担任不同工作职责的教职工形成合力来实现，具有合作解决问题的意识。

标　准	结　果　指　标
20. 终身学习与持续发展	20.1 保持学习和反思的习惯。 20.2 对发现的教学问题进行探索和研究。 20.3 积极参加校本研修活动及各级各类教师培训。 20.4 注意在日常教学实践中提升自己的专业素养。

20.1　保持学习和反思的习惯。

【操作要点】

(1)通过培训和学习，教师能够构建专业知识和学科知识层次框架。

(2)利用阅读书刊或检索网络信息，了解技术学科教学和教研的国内外动态，对自己的知识进行动态管理和优化，具有开放性的学习心态。

(3)保持学习和反思的习惯，在反思性教学诊断中学习和进一步把握教学反思评价方法和教学行动研究方法。

【举例说明】 "2+2"反思评价法

（1）做法

公开课之后，课堂观摩者提出 2 句称赞和 2 个建议。

（2）基本假设

教师的课堂察觉与分析能力发展与其课堂教学能力发展成正比。

（3）目的

使教师的课堂察觉与分析能力的发展可视化。

（4）理论观点

① 在试验与错误中学习更具有价值。教师教学认知活动贯穿于教学活动的始终。在这个过程中，每个人的已有经验背景都不同，看问题的切入点都不同，每个人的认识都有盲点，需要通过交流、反思、学习、研究，提高认知水平。

② 每个人既是教授者也是学习者。在学习型组织中，每个人既是教授者也是学习者。教师的创造才能和指导作用，在处理教育活动的情境中得到发挥，同时，也接受一系列挑战。例如当学生精神不振时，你能否使他振作？你能否从学生的眼睛里读出愿望？你能否用不同的语言方式让学生感受关注？你能否使学生在课堂上学会合作，感受和谐和欢愉、发现的惊喜？当教师在课堂中体会成功与创造，教师的内在积极性就能被激发了。

③ 以一种平衡的方式表达对别人工作价值的关注。满足教师的归属感是激发其创造热情的基础。实际上每个人都期待获得称赞和建议。2+2 模式以一种平衡的方式表达对别人工作价值的关注，既有称赞又有建议。

④ 平级间的反馈可能比来自上级的反馈更有效。在传统的教师培训和教研中，总是青年教师向资深教师学习，一般教师向优秀教师学习，这种学习使教师有一定收获。但是经常出现单向输入，没有批判性的接受并模仿的情形。学习者更多的感受是"人家做得确实很好，但是我这里的条件不具备，我只能羡慕却不能做到"。而且当出现这种想法时，教师一般会原谅自己："我是个新手，经验不足""我不是优秀教师"。

（5）优点

在耳熟能详的教学情境中发现与挖掘身边的教师的"闪光点"，把这些"散落的珍珠"捡起来、穿成串，能够使教师的学习更为有效。一是不戴着学习与观摩的"眼镜"去观察普通教师的课堂，有利于观察者以审视的眼光，不同的视角提出新的见解，观察更为细致，思维更加深刻、开放，这是领导检查性听课和优秀教师观摩课所不能比拟的。这不仅能够产生使观察者"照镜子"的作用，而且有利于改变教师的学习方式和思维定式。

资源有限时，教师可以通过向彼此提出或接受建议而得以提高；更多的教师互访并提供建议，将为提高教学质量提供有用信息。

20.2　对发现的教学问题进行探索和研究。

【操作要点】

(1)明确与聚焦教学问题。

(2)分解问题、分解到自己"有感觉"的程度，中小学教师最宝贵的财富是实践经验与体会，要扬长避短，避免研究大而空的问题。

(3)按照"交流、思想碰撞—综合、分析—进一步研究"的步骤开展教学研究。

20.3　积极参加校本研修活动及各级各类教师培训。

【操作要点】

积极参加研修和培训，在活动过程中积极思考，主动发言，虚心接受别人的批评和建议。

20.4　注意在日常教学实践中提升自己的专业素养。

【操作要点】

注意在日常教学实践中提升自己的专业素养，不断地建构开放的、动态发展的知识与能力结构。

开放的知识结构是指掌握具有自我更新价值的、能够为进一步学习铺设道路的、在学科发展中具有认识飞跃地位的那些主干知识和自学方法。能够利用各种信息补充新知识，并能够把新知识纳入原有的知识结构，以改善原结构，增加其吸收新知识的能力。

动态发展的知识结构是指具有准确察觉与判断教育对教师知识结构新要求的能力，能够主动、恰当、及时地提出知识结构调整的方向和限度。

三、从成熟到卓越

维度一　专业基础

领域一　健全人格与职业道德

标　准	结　果　指　标
1. 爱岗敬业，履职尽责	1.1 挚爱教育事业，全身心致力于学生的学习和发展。 1.2 自觉遵守教育法律法规，自觉贯彻执行教育方针政策。 1.3 出色履行教师职责，具有高度的责任感和奉献精神。 1.4 有强烈的事业心和教育理想与抱负。

1.1　挚爱教育事业，全身心致力于学生的学习和发展。

【内容要点】

（1）充分体验到教师的工作是神圣的。

（2）以强烈的使命感为基础，在教书育人的过程中付出感情、时间、精力乃至全部心血。

（3）教师在传授知识的同时，更要培养学生的行为习惯，教授做人的道理。

1.2　自觉遵守教育法律法规，自觉贯彻执行教育方针政策。

【内容要点】

走向卓越的教师应一丝不苟地对待教育法律法规的要求，认真在教学工作中落实与执行。能贯彻执行教育方针政策，成为执行教育法律法规的模范。

1.3　出色履行教师职责，具有高度的责任感和奉献精神。

【内容要点】

（1）严格要求自己，深入理解教师职责，在教育教学过程中将教师职责转化为工作习惯，方方面面为学生示范。

(2)甘于寂寞，受得住辛苦，经得起挫折，全身心地投入到教育事业中去，正如著名教育家陶行知所说的"捧得一颗心来，不带半根草去"。

1.4 有强烈的事业心和教育理想与抱负。

【内容要点】

教师怀着对自己事业的热爱，全身心付出。教师在这份爱的召唤之下，把本职工作当成一项事业来热爱和完成，从点点滴滴中寻找乐趣；具有教育理想，即把学生培养成什么样的人；努力做好每一件事、认真善待每一个人，全心全意地工作。

标　准	结　果　指　标
2. 关爱学生，教书育人	2.1 热爱并关注每一位学生，平等公正地对待每一位学生。 2.2 培养学生的健全人格，引导学生树立正确的人生观和价值观，能以行为诠释价值，成为学生健康成长的导师。 2.3 着眼于学生的素质提升、潜能发挥与可持续发展。

2.1 热爱并关注每一位学生，平等公正地对待每一位学生。

【内容要点】

教师要无差别地热爱每一位学生，更要把关爱与注意多指向那些学习成绩不佳，学习行为习惯较差的学生，让他们感受到来自老师的深切关爱。

教师要做到：

(1)不以自己的好恶来判断学生；

(2)不以世俗的观点来评价学生；

(3)不以学生的错误来迁就学生。

2.2 培养学生的健全人格，引导学生树立正确的人生观和价值观，能以行为诠释价值，成为学生健康成长的导师。

【内容要点】

教师自身文化素养的高低、教育智慧的优劣最终决定传道授业的水平，教师更能够通过自己的道德人格和精神境界影响学生未来人格发展的路向。师生交往中教师要通过宽严相济，以良好的道德示范，成为学生道德发展楷模，更要通过因材施教，对他们的精神成长和人格完善产生潜移默化的影响。教师要帮助学生树立自信心，增强自我效能感；教师要培养学生关爱的情怀，形成关爱他人的能力。教师要在日常交往和教育中，帮助学生建立正确的是非观念，树立正确的人生理想。

2.3 着眼于学生的素质提升、潜能发挥与可持续发展。

【内容要点】

素质指人在先天生理的基础上，后天通过环境影响和教育训练所获得的、内在的、相对稳定的、长期发挥作用的身心特征及其基本品质结构，通常又称为素养，主要包括人的道德素质、智力素质、身体素质、审美素质、劳动技能素质等。在教育教学中，教师应有长远的眼光，树立正确的教育观和学生观，为学生素质的提升与可持续发展提供合适的条件，使每个学生都能健康发展。同时，教师应以人为本，认可人类生来就有学习的潜能，天生就对世界充满好奇心，学生总是渴望发展和学习这一观点，为学生的潜能发挥创造机会。

标　准	结　果　指　标
3. 为人师表，严谨治学	3.1 遵纪守法，作风正派，公正廉洁，以身作则。 3.2 具有对教育问题的宏观把握和批判性思维，问题意识与创新意识强，努力探索教育教学规律。

3.1 遵纪守法，作风正派，公正廉洁，以身作则。

【内容要点】

自身修养达到较高境界，为人处世能"从心所欲又不逾矩"；人格魅力得以凸显，并具有较强的感染力；能坚持真理，尊重科学，恪守学术规范，防止学术浮躁，以身作则树立起良好高尚的学术风气。

3.2 具有对教育问题的宏观把握和批判性思维，问题意识与创新意识强，努力探索教育教学规律。

【内容要点】

专业素养达到较高境界，能跨越学科来宏观把握教育的关键问题和热点问题，能以批判性的思维方式思考这些问题。强烈的问题意识和创新意识使学习和研究不仅成为内在的生命需要，而且成为不可缺失的生活内容。在实践中，能将教育科研工作与教育教学工作有机协调，长期地总结、反思教育教学规律，在特定专业领域已赢得了广泛的认可，具有"话语权"。

标　准	结 果 指 标
4. 热爱生活，身心健康	4.1 关爱自己的身体，保持身体健康，合理分配精力。 4.2 具有积极向上的态度，强烈感染学生和周围的人。 4.3 能够正确且从容地对待困难和挫折，善于自我调节。 4.4 具有高尚的情操和审美情趣。

4.1　关爱自己的身体，保持身体健康，合理分配精力。

【内容要点】

(1)深刻理解健康对人的生活和工作的意义，以及锻炼对健康的价值。

(2)关爱自己的身体，保证营养均衡，养成定期体检和定时锻炼的习惯。

(3)保持合理的体重和身体健康，能够合理分配精力。

4.2　具有积极向上的态度，强烈感染学生和周围的人。

【内容要点】

深刻理解个人与他人、个人与集体、个人与社会以及个人与工作和生活的关系，常怀自律之心、感恩之心、奉献之心和平常之心；对未来充满希望，对自己充满信心，对他人充满同情与感恩，对组织与事业无限忠诚。具有仁慈之心，豁达之胸，自主意识强，具有极强的职业归属感。

4.3　能够正确且从容地对待困难和挫折，善于自我调节。

【内容要点】

(1)能够理解困难与挫折乃是人生之常事，而且能够深刻认识到，克服困难、经历挫折可以培养人的意志、勇气，锻炼人的能力。具有笑对困难和挫折的人生态度。

(2)对待困难，能够沉着冷静，寻找困难存在的主客观原因，厘清解决困难的思路，正确选择解决问题的方法，并能够创造性地解决问题。

(3)面对挫折，不慌不怒，不怨天尤人；具有坚定的信心，勇往直前的勇气，朝着既定的目标，加倍努力，锲而不舍地达到目的；同时，具有良好的宣泄方法，以摆脱工作和生活压力。

4.4 具有高尚的情操和审美情趣。

【内容要点】

审美情趣是审美主体在面对具有审美属性的事物或现象时表现出的一种特殊的"判断力"。教师的审美情趣表现在言谈举止、兴趣爱好等多个方面，如教师的内在气质、文化底蕴与审美情趣往往从服饰上就能一眼看出。教师在服饰的审美取向上最基本的特点是"淡雅端庄、规范合体"，服饰应美而不俏、美而不俗，体现教育者应有的风貌。

教师要提高审美素养，最重要的是要直接感受美的事物，接受美的陶冶，从事美的创造。在对各种美的对象的审美体验中，艺术具有特殊的功能，比其他形态的美更典型、更具有示范性，因而也更能有效地培养和提高教师的审美素养。

领域二　学科与教育教学专业知识

标　准	结　果　指　标
5. 关于学科的知识	5.1 具有多学科知识并能很好地融通起来，能够整体把握学科体系，具有动态调整知识结构的意识。 5.2 能够在教学中融入任教学科的发展简史，关注学科的前沿成果，能恰当地整合在教学中。

5.1 具有多学科知识并能很好地融通起来，能够整体把握学科体系，具有动态调整知识结构的意识。

【内容要点】

走向卓越的技术与综合实践学科教师，不仅能够掌握课程标准及相关文件明确规定的知识与技能、学科特有的方法，更应该有广博的学科视野，能够宏观把握本学科的知识体系及相关知识背景，并能够有意识地在教学中渗透。理解课程改革对课程要求的变化，能够动态调整自己的知识结构，并在教学中有所体现。

综合实践活动课程不是系统的学术课程，它超越了具有严密知识体系和技能体系的学科界限，包含多学科知识，是在一定的教育目的要求下，以学生的心理水平、学习兴趣、社会生活以及跨学科的综合性知识和多学科知识为基础设计学习内容。因此，综合实践活动教师应该具有较为综合的多学科知识。

综合实践活动的主要内容包括社区服务、社会实践、劳动技术与信息技术、研究性学习等领域，其中研究性学习既是学习方式、又是学习的目标。教师要不断研究、学习这些领域的知识、技能和开展这些活动的方式方法。另外，综合实践活动的课程资源非常广泛，活动领域包括：人与社会、人与自然、人与自我；主题类型包括：科学探索、文化探索、设计制作、环境保护、思维训练、自然考察、社会调查、社会实践、社区服务等。因此，教师要不断补充和完善这些相关的知识结构，才能胜任这门课程。

5.2 能够在教学中融入任教学科的发展简史，关注任教学科的前沿成果，能恰当地整合在教学中。

【内容要点】

走向卓越的技术与综合实践学科教师应该了解本学科的发展历史，了解人们对学科认识的逐步发展和深化的过程。这些知识对于教师理解学科本质，提升学科素养有着极为重要的意义。教师可以通过专业期刊、科技史书籍、专题讲座以及电子媒介等丰富的形式，了解思维科学、社会研究方法、现代技术、系统科学等学科的历史与发展，关注学科的前沿成果。将这些知识恰当地运用在教学中，学生也能够对本学科有更清楚的认识，加深对科学技术专家探索精神的认识，从而更好地把握所学知识的意义。

对于中小学劳动技术和高中通用技术教师，要了解技术发展简史；熟悉设计的理念、内涵的由来与发展沿革；阅读科学、技术、社会方面的文献；掌握技术美学和人体工程学方面的基础知识；熟悉技术创新技法与技术管理学基础知识。

标　准	结　果　指　标
6. 关于学生的知识	6.1 深谙发展心理学、教育心理学以及其他相关学科关于学生的知识，能灵活有效地运用于学科教学和学生管理中。 6.2 掌握学生身心发展的特点和学习规律；掌握学习策略、学习习惯的相关知识，对学生进行有针对性的指导。

6.1 深谙发展心理学、教育心理学以及其他相关学科关于学生的知识，能灵活有效地运用于学科教学和学生管理中。

【内容要点】

(1)发展心理学在中小学教学中的应用。理解学生发展心理学的基本主题，建构学生心理发展的思考框架；掌握学生心理发展阶段特征以及制约其心理发展的因素；理解学生发展心理学的基本理论，并能从心理发展的视角观察、分析和解决中小学生成长中的问题；能根据学生的心理发展特点，实施发展性教学。

(2)教育心理学在中小学教学中的应用。理解教学情境中"学与教"互动过程的特点；理解行为主义学习理论、认知派学习理论以及人本主义学习理论的基本观点及其局限性；熟悉学生知识的获得、技能形成以及态度与品德形成的心理过程，理解学习动机理论，激发学生的学习兴趣；能引导学生掌握学习策略，逐步学会自我调节学习，提高自主学习能力；注重培养学生的创造性思维和问题解决能力。

(3)熟悉所教学段学科内容中涉及的发展心理学、教育心理学有关知识，能结合相应的学科内容进行明确阐述。能在教学中自然融入发展心理学、教育心理学相关理论并能够灵活运用。

【举例说明】

教师在组织教学时，要根据不同学段的学生特点，采取不同的教学方式。例如，由于小学生肌肉骨骼发育情况限制，难以较好地完成对于小肌肉运动精确性要求比较高的动作，特别是手部活动，由于小学生的腕骨尚未完全骨化，不能长时间连续地书写和做手工劳动。操作时，教师要分散技术难点，加强指导，避免伤害事故发生，同时准备好急救药品。

6.2 掌握学生身心发展的特点和学习规律；掌握学习策略、学习习惯的相关知识，对学生进行有针对性的指导。

【内容要点】

所谓学习策略，指有助于提高学习质量、学习效率的程序、规则、方法、技巧及调控方式等。学习策略既有内隐、外显之分，又有水平层次之别。如学习策略既可能是外显的程序步骤，也可能是内隐的思维方式。又如同是复述策略，有可能是简单的按次序复述，也可能是选择陌生的或重点的内容复述。

学习策略是会不会学习的标志，是衡量个体学习能力的重要尺度，是制约学习效果的重要因素。教师掌握学习策略可以改进学生的学习，提高学习质量；还可以有效促进教师的教，减少教学和训练时间，达到减轻学生学习负担的目的。

教在以下方面要给予学生切实的指导：

(1)创设问题情境，激发内在动机，帮助学生确定探究主题和活动内容。

(2)审视学生探究方法与实践途径的可行性并进行相应的指导。

(3)督促和激励学生的实践探究活动，帮助他们克服困难，保证活动的持续进行。

(4)拓宽学生的思维，将活动内容引向深入。

(5)指导小组合作的方式、方法以及使用工具等技能技巧，保持有效的小组合作与分工。

(6)引导学生选择适当的结果呈现方式。

(7)指导学生对实践活动进行适当的反思。①

【举例说明】

在综合实践活动案例"居庸叠翠"②中，通过教师的讲解、创设问题情境、引出研究主题，同时激发学生进一步了解、研究、探索的兴趣和欲望。

师(出示居庸关挂图)：居庸关长城位于北京北部山区，是长城的一道重要关口。居庸关地势险要，自古为兵家必争之地，是从北面进入北京的门户，有"一夫当关，万夫莫开"的气势。元军从居庸关打到了金国的中都；元朝末年，明军又从这里攻入元大都；明末李自成也从居庸关打到北京。居庸关不仅地势险要，而且风景宜人，远在800年前的金代，就被列为"燕京八景"之一。从南口进入关沟以后，两侧山峦重叠，溪水长流，春、夏、秋三季植被繁茂，山花野草郁郁葱葱，登高远眺，好似碧波翠浪，清乾隆亲笔题"居庸叠翠"四字，并建了御笔碑，民间还流传"关沟七十二景"之说，

---

① 参见《国家九年义务教育课程综合实践活动指导纲要(3—6年级)——讨论稿》。

② 选自综合实践教学案例"居庸叠翠"，执教教师：张淑凤。

人文景观、自然景观交相辉映。

活动一：培养学生问题意识、研究意识，确定小组研究专题。填写调查问卷，通过问卷了解学生对哪些内容感兴趣？有哪些需求？问题：

(1)你对居庸雄关有哪些了解？还存在哪些疑问？

(2)你还对哪些内容感兴趣？

(3)你想对哪些内容进行深入细致的调查研究？

设计意图：在"活动一"中，教师应用调查问卷的形式，通过提出几个具体问题，了解学生需求，进一步引导学生提出、筛选、确定研究专题。进而指导学生分组、制定小组活动方案等。

标　准	结 果 指 标
7. 关于课程的知识	7.1 深谙课程改革的基本理念和本课程在学生发展中的意义。 7.2 具有丰富的任教学科课程设计、课程实施、课程资源、课程评价等方面的知识。

7.1 深谙课程改革的基本理念和本课程在学生发展中的意义。

【内容要点】

小学综合实践活动课程

形成尊重科学的意识和认真实践、努力钻研的态度：在研究性学习中，要初步形成尊重客观规律的意识、养成凡事认真思考的习惯；既敢于大胆想象，又能够认真实践、尝试、探究；不怕困难与挫折，不轻易放弃探究；能进行初步的反思和自我评价；学会尊重他人的意见和观点等。①

中学综合实践活动课程

养成科学态度与科学道德：使学生在研究性学习的过程中，基本确立"崇尚真理、尊重科学"的意识，基本形成对待事物的科学态度和实践探究的科学道德。包括不盲从、不迷信，自主探究；遵循事物发展规律、实事求是、不弄虚作假；认真踏实、善始善终、成不骄败不馁；对研究的过程与结果认真进行反思和自我评价；尊重他人的思想与研究成果等。②

---

①② 本节引自《国家九年义务教育课程综合实践活动指导纲要(3—6 年级)——讨论稿》。

劳动技术和高中通用技术课程

中小学劳动技术和通用技术都属于技术教育课程，教师应明确本课程对学生发展的意义。

技术素养是现代人必备的基本素养。技术课程能够引导学生融入技术世界，增强社会适应性，为学生的发展奠定基础。当今世界正面临着一场新技术的挑战，新材料、新能源、生物技术等日益渗透到人们的生产和生活当中，深刻地影响着甚至是改变着人们的生产和生活方式以及思想观念。《学会生存——教育世界的今天和明天》中指出："如果一个人不懂得技术方法，那么他在日常生活中就会越来越依赖别人，就会减少他就业的机会。"从这个意义上说，融入技术世界，拓展技术视野，掌握技术是生存的基本素质之一。

技术的本质在于创造，学生的技术学习与问题解决相联系。实际问题的解决为学生展示其创造力提供了一个广阔的舞台。在技术设计、技术制作、技术实验等活动中，学生不断探索解决问题的途径和方法，不断地想象、怀疑、批判，从活动中体验到创造的激情和创造的乐趣，对于激发学生创造欲望和培养学生创造精神有重要的意义。

7.2 具有丰富的任教学科课程设计、课程实施、课程资源、课程评价等方面的知识。

【内容要点】

本阶段的教师应能够较好地把握课程的设计、课程实施、课程资源、课程评价等知识：

(1)教师应准确理解综合实践活动、劳动技术、通用技术课程在国家课程设置中的地位和作用，要深谙课程的理念、课程性质和课程目标，积极有效地进行课程的开发与实施。

(2)教师要带领学生开展丰富多彩的研究性学习以及技术探究活动，运用多种形式组织开展多层面、多领域的活动，使学科课程活动化、活动课程综合化、综合课程研究化，让学生在问题解决过程中获得发展。

(3)对于评价，既要考虑对学生的评价，又要关注对课程开发、实施的评价，更要注重教学反思的评价作用。

【举例说明】

综合实践课程教师应理解综合学科课程作为一种跨学科的"统整课程"，在课程目标、课程内容、教师角色、学习形态和评价方式上，与"学科课程"都有很大的差异。如下表：①

统整课程与学科课程设计比较

项　目	综合课程取向	学科课程取向
课程目标	视学生为完整的个体，提供多元视点来考察事物的能力	强调学术智慧的发展，忽略个体在各方面的成长
课程内容	强调学习的关联性，知识内容的连贯性，以便获得完整学习经验	精熟学科知识内容，忽略学生生活经验和社会适应问题
教师角色	课程与教材编选者，学习资源提供者	学科专业者，课程内容执行者
学习形态	动态且多样化的学习方式，培养自主学习、全作沟通和协调的能力	同一时间，学习相同的知识，精熟相同的教材，静态独立学习
评价方式	多元化，档案式，真实性评价	强调精熟的标准化测验

标　准	结　果　指　标
8. 关于教学的知识及学科教学知识	8.1 准确把握和运用有关教学目标、内容、过程、原则和方法、组织和管理及评价等方面的知识，教学经验丰富。 8.2 积累了丰富的教学案例，深谙如何基于学生的情况选择恰当的教学策略，能够在教学中呈现学科知识结构、渗透学科统领性概念。

---

① 高强华：《学校组织与课程革新》，第 371 页，台湾师范大学印行，2002。

8.1 准确把握和运用有关教学目标、内容、过程、原则和方法、组织和管理及评价等方面的知识，教学经验丰富。

【内容要点】

(1)恰当地利用课程资源，将其改造成可以实施的教学内容。

(2)准确地分析学情，科学地确定教学内容及重点和难点。

(3)多层次分析教学内容及教学要求，清晰地确定课时的三维目标。

(4)合理地安排教学流程，以学生为学习主体设计活动。

(5)合理调控教学内容的走向，选择开放性的研究主题，根据生成性问题，适当调整教学内容。

(6)确定教学效果评价标准，采取多种评价方式进行评价。

【举例说明】　　初中劳动技术教学目标的设计

从成熟到卓越的教师应该能够整体、系统地规划本学科的教学目标，依据科学的目标分类体系，从整体上按照不同的学段和年级将教学目标细化，以保证教学目标的连续性与系统性。以劳动技术课程"家庭照明电路安装和检修"为例①。本部分可以作为一个独立教学单元进行教学，内容包含五个技能点：触电救护方法、测电笔的使用、白炽灯的安装、日光灯的安装、配电盘的安装。

目标可以按照感知、模仿、熟练、综合四级水平划分。目标和内容的双向细目表如下：

目标水平 ＼ 内容	触电救护方法	测电笔的使用	白炽灯安装	日光灯安装	配电盘安装
感知	√				
模仿		√		√	
熟练			√		
综合					√

---

① 陈月茹：《初中劳动技术课教学目标体系构建初探》，载《学科教育》，1998(7)。

以触电救护方法为例，可以设计如下教学目标。

内容 \\ 教学目标	一级目标	二级目标	三级目标	所含知识应达目标	情感教学目标
触电救护方法	感知	能指出（或说出）该技能涉及材料、工具、仪器、设备名称及用途	指出（或说出）常用触电救助工作	了解安全用电常识	1.培养团结、互助的高尚品质 2.树立安全意识
		复述操作顺序、注意事项、安全要求等的要点	1.说出触电急救主要步骤及注意事项； 2.背诵出人工呼吸口诀		

8.2 积累了丰富的教学案例，深谙如何基于学生的情况选择恰当的教学策略，能够在教学中呈现学科知识结构、渗透学科统领性概念。

【操作要点】

(1)在具体的教学内容中渗透核心的学科思想方法，熟悉具体内容的核心知识及其教学目标。

(2)明确具体内容的横向联系(与之相关的其他学习领域的知识)和纵向联系(学习这一内容之前的知识准备及后续的延伸知识)。

(3)了解学生在学习某一具体内容时已经具备的学习基础、经验和可能出现的问题。

(4)针对某一具体内容和特定情境采取合适的教学方式：有效评价、恰当举例、课堂生成的利用、师生交流等策略，以帮助学生消除错误概念，形成正确的理解。

标 准	结 果 指 标
9. 科学与人文素养	9.1 深谙中华优秀文化，对其他文化具有选择性吸收和转化的能力。 9.2 根据学科的特点，指导学科的学习方法，帮助学生发展学科思想、科学态度和科学精神。

9.1 深谙中华优秀文化，对其他文化具有选择性吸收和转化的能力。

【内容要点】

(1)综合学科教师应深谙中华优秀文化，熟悉地方的历史、文化、民俗、社会风尚等人文知识，能够理解这些知识与所教学科课程的关系，并从其中挖掘适合课程教学活动的主题内容。

(2)教师要对祖国的优秀文化心存敬仰，对所教学科涉及的内容有精深的研究与独到见解。

(3)对其他文化有理性认识，能够选择性吸收并转化为教学资源，选择恰当的时机运用于教学中。

9.2 根据学科的特点，指导学科的学习方法，帮助学生发展学科思想、科学态度和科学精神。

【内容要点】

(1)知道所教学科的特点。综合实践活动课程、劳动技术课程和通用技术课程的突出特点是实践性、活动性、生成性和综合性。

(2)教师应能够根据学科的特点，指导学生采用多种方式学习，如合作学习、研究性学习等。

(3)教师应能够帮助学生认识学科的思想方法，提升科学精神。通过教师指导使学生养成主动参与、乐于探究、勤于动手动脑的习惯。通过实践活动培养学生实事求是等科学精神。

维度二 专业实践

领域三 促进学生的学习与发展

标　准	结　果　指　标
10. 创造良好的学习环境	10.1 根据学科特点和学生实际，创设能够满足学生学习需要、促进学生发展的物理环境和学习氛围。

10.1 根据学科特点和学生实际，创设能够满足学生学习需要、促进学生发展的物理环境和学习氛围。

【操作要点】

(1)教师要以引导者的身份，为学生创设一个开放、民主、活跃、进取的学习氛围。鼓励学生展开想象，大胆创新，使学生在设计过程中发展能力并体验创造的艰辛和成就感。

(2)处于本阶段的教师应能够根据学科的活动性、综合性、实践性等特点和学生的实际情况，积极创建富有挑战性的学习氛围，如组织辩论会、对抗赛等，这些活动都可以促进学生积极思考，激发学生的创造力和学习的积极性。

【举例说明】

在高中通用技术课程"技术与设计"的教学中，教师可以组织富有挑战性的学生活动，以引起学生的学习动机。如对技术问题的辩论"技术有好坏之分吗？""保护知识产权有利于科学技术的普及吗？"学生分正反两方，分别收集资料，教师因势利导，注重观点提升，不仅可以激发学生学习的积极性，同时也能增进学生对技术知识的深刻理解。

标　准	结　果　指　标
11. 设计合理的教学方案	11.1 整合多元教学目标，不仅关注学生获得知识、提高认知能力，还关注培养学生的责任感与非智力因素。 11.2 根据学生认知发展规律，整体安排学段教学进程和创造性地设计教学单元，能够进行教学设计背后的学理分析。 11.3 深谙不同类型知识的学习策略，具有丰富、系统且有创造性的教学策略，在教学设计中运用智慧优化教学过程。 11.4 能够针对个体差异设计不同层次的评价。 11.5 能够提供恰当而丰富的学习资源，以促进学生理解。

11.1 整合多元教学目标，不仅关注学生获得知识、提高认知能力，还关注培养学生的责任感与非智力因素。

【操作要点】

优秀教师在设计教学时能够全面考虑教学目标，促进学生素质全面发展。国际 21 世纪教育委员会在向联合国教科文组织提交的研究报告《教育——财富蕴藏其中》，提出了"终身教育建立在 4 个支柱的基础上"的观点。这 4 个支柱分别指：学会学习、学会做事、学会共同生活和学会生存。《国家中长期教育改革和发展规划纲要(2010—2020 年)》也提出：教育学生学会知识技能，学会动手动脑，学会生存生活，学会做人做事，促进学生主动适应社会，开创美好未来。教师应考虑多元教学目标，促进学生健康发展。

教师还应关注培养学生的责任感。责任感是一个人对自己、自然界和人类社会，包括国家、社会、集体、家庭和他人，主动施以积极有益作用的精神。培养学生的责任感应该从学科教学、班级活动、家庭教育等多个方面进行。责任感的培养要常抓不懈，特别是小学生、初中生的生理心理发展还不完全成熟，做事的持久性、忍耐性、坚持性还比较差，在培养责任感形成方面还需要教师和家长经常提醒，适时给予鼓励，使学生初步养成做事有始有终，负责到底的良好习惯。

11.2 根据学生认知发展规律，整体安排学段教学进程和创造性地设计教学单元，能够进行教学设计背后的学理分析。

【操作要点】

教师要立足综合学科课程的特点，根据学生认知发展规律，把比较零散、无序的教学内容进行重新规划和设计，使其更加结构化和系统化。这样的设计应该有指导思想与理论依据、活动背景分析、活动目标、实施指导、活动评价、教学反思的等完整的活动方案，教师应深入思考设计背后的理论支撑。

【举例说明】

根据技术课程立足实践的特点，以及中学生喜欢实践活动这一学习心理特点，高中通用技术课程"结构与设计"单元教学可以用项目学习的方式进行，以结构设计与制作活动为主线，以制作出一项产品为活动目标，将相关知识融入产品设计与制作过程之中去。

以结构设计与制作为主线的教学需要对本单元的课时和内容重新进行调整,可以分成以下几个步骤:第一,需要理解结构的概念,学习认识已有设计以积累结构设计的经验;第二,提出设计目标,了解结构设计的约束条件,如一把椅子要能经得起人的坐下和站起,坐着要舒适,能起支撑作用等功能,这就必然要受到尺寸、强度、稳定性等的约束;第三,提出设计方案并对方案进行分析、比较、修改、优化,如运用结构的荷载路径的概念判断其结构是否合理;第四,加工制造产品,在此过程中学习材料知识、应用结构知识、练习相关工具使用等;第五,产品交流与评价。这样的教学就不必按部就班地先把结构分类、结构的强度和稳定性等理论知识一一介绍清楚后再进入结构的设计阶段,而是在结构设计与制作的实践过程中边用边学,边学边用,学用结合,学以致用。这样,学生学到的知识才是主动建构、亲身体验和自觉感悟的。这一设计基于建构主义学习理论,认为学习是学习者积极地建构知识的过程,只有当学生真正参与到课堂中来,主动构建自己的知识框架,才能实现有效地学习。

11.3 深谙不同类型知识的学习策略,具有丰富、系统且有创造性的教学策略,在教学设计中运用智慧优化教学过程。

【操作要点】

无论是技术课程的知识还是综合实践活动中涉及的知识,根据不同的标准都有不同的分类。根据知识反映客观事物程度的不同,将知识分为经验知识和理论知识;根据知识的表达力分为明言知识与难言知识。不同知识需要不同的学习策略。

不同类型的学习策略的有效性不同。教师要善于识别、选择重要的有价值的或适用范围广的学习策略教给学生,并对这些学习策略的结构进行分析,确定学习策略的动作或心理成分及其联系与顺序,使策略的步骤具体化、操作化。使学生形成该策略的概括性的认识,同时要使学习者明确策略的特点、适用条件和有效使用范围,便于学生能够根据具体任务和情境,选择恰当的策略。

【举例说明】 高中通用技术课程优化的学习过程

(1)联系(contact)——设计真实"宏观情境"的项目。

(2)建构(construct)——围绕项目组织教学;学生自主学习与合作学习

以及解决问题的过程。

鼓励学生自己发现解决问题的方法：收集信息、确定完成任务的子目标、利用并评价有关信息与材料、提出解决问题的假设等。教师在学生遇到困难时提供一定的"脚手架"，以使学生的理解进一步深入。

（3）反思（contemplate）——不仅是为了让学生完成项目，而且要通过教学使学生能够自主地完成学习目标，自主地解决复杂背景中的真实问题，并发展与他人合作、交流、相互评价和自我反思的能力。

（4）延续（continue）——"消解"具体的"锚"，即不能仅让学生局限在特定情境的问题解决，而要发展他们的知识迁移能力，解决新情境问题的教学关键在于应该在情境化与非情境化之间保持一种平衡。学生在情境中的学习要能够脱离这一特定的情境，向其他情境迁移。

11.4 能够针对个体差异设计不同层次的评价。

【操作要点】

（1）能够从知识、方法、态度等各个方面系统地设计学生学习状况评价。

（2）了解学生在技术课程方面学习的类型差异和层次水平差异。

（3）设计分层次的评价标准，对不同的学生使用不同的评价标准和评价方式，包括表现性评价、过程性评价和结果性评价的差异。

11.5 能够提供恰当而丰富的学习资源，以促进学生理解。

【操作要点】

教学资源的价值在于能更好地促进教学目标的实现，以促进学生的发展和对知识的理解。

（1）能够有效利用与学生生活密切相关的资源。例如，图书、音像、绘画、网络等资源，实验仪器设备、制作工具材料等资源。

（2）选择和使用的学习资源能促进教学目标的达成。

（3）选择和使用的学习资源体现一定的教育价值。

（4）选择和使用的学习资源为学生形成新观念、新认识提供帮助。

（5）选择和使用的学习资源为学生学习能力的提升提供帮助。

【举例说明】中小学综合实践课程学习资源利用的注意事项

综合实践可利用的资源非常丰富、范围相当广泛，可概括为人本资源、素材资源、环境资源、网络资源、人文资源、自然资源等。

在利用资源时应注意：

(1)明确针对性，避免虚、散、浅、贪等现象。

(2)把握方向性，包括资源内容的融合、资源价值的复合、资源形态的整合。

(3)突出可行性，包括尊重学生、回归生活、追求和谐。

标　准	结　果　指　标
12. 实施有效的教学活动	12.1 课堂教学富有激情，学生被教师对本学科的执著向往所打动，形成持久的学习动力。 12.2 具有果断的教学决策能力，能根据学生学习情况灵活调整教学的内容、顺序和方法，学生感到学习效率高。 12.3 能够高度关注学生的学习表现，敏锐捕捉教学中关键问题，灵活处理生成性问题。 12.4 关注研究学生个体差异，因材施教，学生感受到教师的关心、理解和经常给予的帮助。

12.1　课堂教学富有激情，学生被教师对本学科的执著向往所打动，形成持久的学习动力。

【操作要点】

教学激情是教师在教学过程中受一定教学情境的激发，为追求教学自由和实现教学理想而产生的昂扬亢奋的情绪状态，是教师热爱教学的情感与教育智慧完美结合后所呈现的一种教学艺术现象。教师的教学激情对于顺利完成教学任务、达成教学目标具有十分重要的意义。如果教师精神饱满、有激情，课就会讲得意趣盎然，教学效果显著。没有激情的教学会缺乏灵性和感染力。

教师只有具备高尚的师德，对教育事业、对学生强烈的热爱，才可能用自己的激情来打动学生、感染学生、启迪学生，使学生在情感升华的过程中实现共同提高的目的。

教学激情还有赖于教师的教学素养。教师深厚的知识积淀、丰富的生活积累、出色的语言修养、良好的应对素质、敏捷的思维能力等也是教学激情产生的基础。

12.2 　具有果断的教学决策能力，能根据学生学习情况灵活调整教学的内容、顺序和方法，学生感到学习效率高。

【操作要点】

(1)根据学习需要和特定学情，开展小组合作、全班展示等交流活动，掌握恰当分组、有效分工、控制时间等技能。

(2)运用重复、板书、提问、语音变化、手势表情、身姿体位等多种手段，对教学重点、难点或需要注意的地方进行强化。

(3)选择恰当的时机进行强化，有效进行结课时的强化。

(4)对课堂时间、节奏有很强的监控能力。

(5)根据课堂上不可预知的学情，灵活调整各环节的时间分配，做出取舍。①

12.3 　能够高度关注学生的学习表现，敏锐捕捉教学中关键问题，灵活处理生成性问题。

【操作要点】

(1)能够认真倾听学生的发言，敏锐观察学生的课堂活动，根据捕捉到的反馈信息及时做出反应，以此实现真正的师生互动。

(2)根据教学设计时构想的主题，选择恰当的时机和对象、以恰当的方式提问和追问，以促进学生思考。

(3)根据课堂上变化的学情，临时提出一些问题，以引起学生注意，或促进知识掌握，或启发思考。根据学生的困难或意外事件，必要时对问题进行变通处理。

【举例说明】

某学校综合实践教师带领学生到公园参观，原本准备写植物的观察日记或游记。在考察中发现在公园东南角有一处"石像生碑刻园"，里面有本地区历代的碑刻、石兽、石俑、石经幢等，学生们产生了浓厚兴趣，于是产生"研究家乡历史文化""研究书法艺术"等活动主题。

----

① 　选自综合实践教学案例"走进巩华城"，作者：梁京、戈复云、丁红明。

12.4 关注研究学生个体差异，因材施教，学生感受到教师的关心、理解和经常给予的帮助。

【操作要点】

教师应关注学生差异，这种差异表现在各个方面，如生理方面的速度、耐力、动作等差异，心理方面的性格、气质、能力、兴趣、需要、意志品质等差异，还有知识背景差异、生活阅历差异等。在学习过程中学生的表现，如努力程度、反应速度、对学习内容的理解程度等也存在差异。

因此，教学时教师可以针对学生的差异，对学生进行分类，根据不同的类型，采取灵活多样的教学措施。教学的设计、实施及测评都必须在研究分析这些差异的基础上进行，使每个学生都受到教师的关注和帮助。

标　　准	结　果　指　标
13. 培养良好的学习习惯与指导学生学会学习	13.1 掌握多种学习策略，有计划地进行策略性知识的教学，学生能够感受到在教师的指导下，逐渐形成有效的学习策略。 13.2 注意培养学生的问题意识、创新思维能力和实践能力，使学生感到学习处于追求新目标和解决更高层次的问题中。

13.1 掌握多种学习策略，有计划地进行策略性知识的教学，学生能够感受到在教师的指导下，逐渐形成有效的学习策略。

【操作要点】

认知心理学将知识分为陈述性知识、程序性知识和策略性知识，策略性知识指如何学习、记忆或解决问题的一般方法，包括应用策略进行自我监控的方法。策略性知识有助于学习者学会学习、记忆和思维，能改变一个人的智能状况，策略性知识的掌握程度决定着一个人的学习效率。专家型教师可以频繁地应用策略性知识，使陌生问题逐渐转变为自己熟悉的问题或可以控制的问题，以达到解决问题的目的。

(1)教师应经过长期的工作实践、理论学习和归纳总结，建立自己更完善和复杂的策略性知识结构。

(2)了解学生策略性知识的表征形式，以便能对策略性知识的学习做出正确的评价。

（3）强调策略性知识的作用，激发学生学习策略性知识的内在动力。

（4）在具体情境中有计划地进行策略性知识教学。针对具体的问题情境，教师应善于把自己内隐的思维过程展开，让学生模仿和学习。

（5）策略性知识的教学要注意为学生提供运用与深化的情境，使学过的策略不断得以运用和巩固。

（6）策略性知识的教学应有一个系统的、长期的教学目标。掌握策略性知识是一个过程，教师要给学生充分的消化和理解的时间，并经常运用。

13.2　注意培养学生的问题意识、创新思维能力和实践能力，使学生感到学习处于追求新目标和解决更高层次的问题中。

【操作要点】

综合实践和技术教育对培养学生的创新思维能力有独特的要求，应以学生的创新能力为重要的教育目的，让每一位学生的想象力和创新力得以发挥和发展。

普通高中综合实践和技术课程是一门实践性的课程。立足于学生的直接经验和亲身经历，立足于"做中学"和"学中做"。综合实践和技术课程以学生的亲手操作、亲历情境、亲身体验为基础，强调学生的全员参与和全程参与。每个学习者通过观察、调查、设计、制作、试验等活动获得丰富的"操作"体验，进而获得情感态度、价值观以及技术能力的发展。

标　准	结　果　指　标
14. 开展多元的学习评价	14.1 在评价主体、内容、方式和结果上都体现了多元的思想，学生感受到评价促进了自己的发展。 14.2 善于运用评价结果，给学生的学习提出合理的建议，使学生乐于接受和运用教师的建议。

14.1　在评价主体、内容、方式和结果上都体现了多元的思想，学生感受到评价促进了自己的发展。

【操作要点】

学习者的能力是多方面的，每个学习者都有各自优势。学生在意义建构过程活动中，表现出来的能力不是单一维度的反映，而是多维度、综合能力的体现。因此评价也应在主体、内容、方式等方面体现多元思路。

(1)评价标准、手段和形式的多元化，不同学生可以有不同方面和层次的要求，区别对待；方式上可以采用书面考试、口试、活动报告、课堂观察、课后访谈、作业分析、建立学生成长记录袋等。

(2)评价内容应包括对学生知识、能力、情感等多个方面，注重学生的参与，着眼于评价的激励作用，发展和挖掘学生潜能。例如，学生在活动过程中的表现、活动成果(手工和影像作品、活动体会、札记、作文)等。

(3)善于运用学生自评、生生互评以及师生互评等方式实现评价主体多元。评价主体包括学生、教师、家长、专家、其他参与者。

(4)在学生自评和生生互评时，要引导学生从优点、不足、改进建议三个方面谈，要把优点说足、不足说准、建议说到位。

14.2 善于运用评价结果，给学生的学习提出合理的建议，使学生乐于接受和运用教师的建议。

【操作要点】

评价的目的是为了学生的发展，教师要采用定性与定量相结合的方式，恰当地呈现和利用评价结果。

教师要知道如何准确地解释某个人或某个组的评价结果，使学生知道问题所在，以便改进自己的教学。教师应该能够向家长和学生解释活动过程中行为举止的优点、不足，哪些方面取得了进步、提高，解释成绩和进步的根据是什么，给学生提出合理建议，从而促进他们改进学习。

标　准	结　果　指　标
15. 促进有效的课堂管理	15.1 善于运用科学而灵活的方法组织课堂教学，善于调动学生的积极性，开展各种组织形式的教学，使学生感到自我管理能力与合作能力逐渐提高。

15.1 善于运用科学而灵活的方法组织课堂教学，善于调动学生的积极性，开展各种组织形式的教学，使学生感到自我管理能力与合作能力逐渐提高。

【操作要点】

(1)根据班级的实际状况，选择运用科学而灵活的方法组织学生开展各种教学活动。教师对所教班级学生的群体特征掌握十分准确，对学生的个性差异了解充分，组织教学的方法丰富，对方法与任务的适应性有较强的判断能力。

（2）学生参与热情高，思维活动有深度，甚至出现兴奋状态；教学活动活泼有序，充分落实教学目标，使学生在参与教学活动的同时，动手操作能力、实验探究能力和解决问题的方式方法等思维能力均能受到锻炼、得到发展。

（3）教师赢得了学生的尊重，师生关系和谐、民主，在全员参与实践活动中能够彼此期待合作、迎接共同的挑战。

标　准	结　果　指　标
16. 渗透思想品德教育和基本的生活技能教育	16.1 结合学科内容和学生实际，主动采取恰当、多样、有效的方式进行思想品德教育和生活技能教育，使学生感到思想品德教育和生活技能的收获。

16.1 结合学科内容和学生实际，主动采取恰当、多样、有效的方式进行思想品德教育和生活技能教育，使学生感到思想品德和生活技能的收获。

【操作要点】

综合实践活动、劳动技术和通用技术课程的共同特点是与学生的思想品德和生活实践紧密结合。

劳动与技术蕴含着许多思想品德要求，诸如认真、勤奋、严谨等品德。教师在教学过程中要随机、有效地渗透思想教育。

劳动技术强调学生通过人与物的作用、人与人的互动来从事操作性学习，强调学生动手与动脑相结合，该领域使学生了解必要的通用技术和职业分工，形成初步的技术意识和技术实践能力。劳动与技术包含很多生活技能教育的内容。如低年级学生削铅笔、包书皮儿等活动；中年级学生学习制作学习用具，会热饭菜等；高年级学生自己能熨烫衣裤，会做简单饭菜等。

标　　准	结　果　指　标
17. 实施积极的安全教育与健康教育	17.1 对学生的人身安全有高度的责任感，能积极开展以预防为主的安全教育、健康教育，为有需要的学生提供支持和帮助。

17.1 对学生的人身安全有高度的责任感，能积极开展以预防为主的安全教育、健康教育，为有需要的学生提供支持和帮助。

【操作要点】

(1)教师要从尊重生命与博爱的高度关注每一个学生的安全。

(2)主动积极开展"中小学生安全教育"系列活动，结合学生所处的自然环境和学习环境进行人身安全教育、心理健康教育和安全防护教育，有针对性地在学校开展"避震、避险、防火、逃生"以及安全自救等活动，引导学生形成乐观的自我保护意识，培养积极的安全健康人格，提高学生的自我保护能力。

领域四　教育教学研究与专业发展

标　　准	结　果　指　标
18. 教育教学反思与行动研究	18.1 能够研究并积累不同类型的课例，在不断地反思中主动探索教学规律；思维敏锐，具有分析性思考和概念性思考的能力。
	18.2 善于提出并解决教育教学中的重要问题，开展教育教学改革实验，深入研究教育教学规律，形成独特的教育教学思想或教学风格。
	18.3 注重研究成果的形成，能够在学术刊物上发表研究论文或出版专著，使研究成果具有更广泛的辐射作用，并使成果得到同行的关注、讨论和认可。

18.1 能够研究并积累不同类型的课例，在不断地反思中主动探索教学规律；思维敏锐，具有分析性思考和概念性思考的能力。

【操作要点】

对课堂与课外的各种情景能够有全面的、深刻的理解，抓住重要的信息进行分析。比如学生的行为、语言，其他教师的课堂教学，专家的讲座、生活中的现象等，能够进行准确深刻的提炼，把握本质。这种把握能力是基于经验的积累、平时的思考训练和思考习惯。

18.2 善于提出并解决教育教学中的重要问题，开展教育教学改革实验，深入研究教育教学规律，形成独特的教育教学思想或教学风格。

【操作要点】

能够结合教育改革、课程改革、学生发展、社会发展的形势，分析教育教学中的问题，抓住重要的问题，开展教育教学改革和实验研究，形成自己的教学经验与思想。真正教育教学改革实验，通常要经过几年的探索实践。在探索过程中；一方面是不断学习相关理论；另一方面是进行教学改革尝试，寻找更加有效的方法。

18.3 注重研究成果的形成，能够在学术刊物上发表研究论文或出版专著，使研究成果具有更广泛的辐射作用，并使成果得到同行的关注、讨论和认可。

【操作要点】

在进行教育教学改革实验的过程中，注意平时的记录和整理，形成研究成果，无论是教学经验总结，还是理论思考文章，还是实验报告等，能够掌握写作的规范要求，发表论文或出版著作。写作与出版是个不断成熟的过程，这个过程中需要理论专家给予帮助指导。

当自己的改革和研究具有一定的创新性、探索性、价值性，就能够引起同行的关注和认可，产生一定的影响力。

标　准	结　果　指　标
19. 团结协作与经验分享	19.1 把自己的经验结构化，形成可以传递的知识形态；引领团队的专业研修活动，团队成员能够受到启发并产生把研修结果运用到工作的动机。 19.2 作为专业领域的领军人物，在专业学会和广大教师中发挥引领作用。

19.1 把自己的经验结构化、形成可以传递的知识形态；引领团队的专业研修活动，团队成员能够受到启发并产生把研修结果运用到工作的动机。

【操作要点】

走向卓越的教师要发挥引领作用，首先，需要把自己的思想、经验和成果加以梳理，加以结构化、系统化和一定的理论加工，写成论文、著作、讲义。结构和系统可以有很多维度，诸如问题、原因、对策、效果；或不同的培养目标如何实现的、不同方面的课程内容是如何教学的、不同的学生是如何培养的。

其次，在专业研修活动中进行介绍和示范。专业研修活动包括同年级的集体备课活动、教研组的课题研究、教师个人及其团队、参与的区（县）、省市及国家级等课题研讨活动等。

19.2 作为专业领域的领军人物，在专业学会和广大教师中发挥引领作用。

【操作要点】

参加中国教育学会、任教学科专业学会等学术团队的研讨活动，能够在这样的场合发表论文，阐述自己的观点，或者参与具体的研讨。同时，能将参与这种研讨活动的收获与自己所在团队的成员们分享，为团队中的青年教师搭建发展的平台。

标　　准	结　果　指　标
20. 终身学习与持续发展	20.1 始终保持学习的热情，具有高度的职业敏感性。 20.2 不断给自己规划更高的职业目标，行走在能力的极限上，促进知能持续发展。

20.1 始终保持学习的热情，具有高度的职业敏感性。

【操作要点】

善于学习是优秀教师专业成长的关键，是优秀教师实现可持续发展的基础。教师必须保持学习新知识的热情，通过多种途径，如自学、参加培训、在职进修等，丰富或更新自己的知识积累。优秀教师的特点是善于吸收和转化，而不只是吸收和存储，能够及时把所学知识经验转化为自己的教学思路。

具体任务是开展学习的发动机和助推器。没有具体任务作为学习的抓手时，教师的学习常常是盲目的、零散的。一旦教师心中有了一个自己认定的问题或任务时，教师就会自然而然地、甚至不可遏制地进入渴望学习、渴望发展的状态。

20.2 不断给自己规划更高的职业目标，行走在能力的极限上，促进知能持续发展。

【操作要点】

优秀教师能够不断反思自我，找到自己的不足和主攻方向，挑战自己的能力极限。然后围绕着这个主攻方向开展新的学习和研究，不断形成自己多方面的经验和思想，使自己的经验和思想更加系统、完整、深刻，从而促使自己成为卓越的教师。

参考文献

[1]中华人民共和国教育部．基础教育课程改革纲要（试行）.2001.

[2]国家九年义务教育课程综合实践活动指导纲要 3－6 年级、7－9 年级（讨论稿）.

[3]中华人民共和国教育部．普通高中技术课程标准（实验）.北京：人民教育出版社，2003.

[4]李方、钟祖荣．教师专业标准与发展机制——教师专业化国际研究译文集．北京：北京出版社，2004.

[5]陶礼光、刘玲等．北京市中小学综合实践活动教师指导手册——小学、初中、高中册.2009.

[6]李臣之等．综合实践课程教学论．广州：广东高等教育出版社，2007.

[7]陈树杰．与时俱进务实求真——用实践和研究推动综合实践活动的健康发展.2005.

[8]富殿山等．新课程教学改革策略——小学科学、劳动、信息技术、综合实践教学设计．北京：新华出版社，2009.

[9]富殿山等．北京市中小学生社会大课堂课程开发案例研究——昌平篇.北京：北京科学技术出版社，2010.

[10]普通高中技术课程标准研制组．普通高中技术课程标准（实验）解读.武汉：湖北教育出版社，2004.

[11]钟启泉．综合实践活动课程的设计与实施．教育发展研究，2007(2A).

后　记

　　《中小学教师专业发展标准及指导　技术与综合实践学科》是在总标准框架的基础上进行研究和编写的，主要是为综合实践活动、劳动技术以及通用技术课程的中小学教师制定的教师专业发展标准及指导意见，它既保留了与其他领域标准的一致性，也集中体现出了本领域的基本特色。本书由张芳和富殿山任主编。

　　本书的撰写者是：第一部分前言由钟祖荣、李晶撰稿。第二部分由钟祖荣、李晶、王远美、陈晓波、方美玲、白桂香、方金秋、齐宪代、李万峰等组成的研究小组编写；车华玲、刘月艳、吕俐敏、赵力、高宝华、张翔兰、宋艳、王淑华、李雯、杨秀治、曹新美、冯启磊等参加了讨论。第三部分中，"健全人格与职业道德"部分由张红、杨秀治、迟希新、肖北方、伍芳辉等编写；"学科与教育教学专业知识""促进学生的学习与发展"部分由张芳、富殿山共同撰写，郭立群、徐京秋、王强、姚春林等老师提供了部分学科案例；"教育教学研究与专业发展"部分由李晶、陈晓波共同编写；其他公共部分由白桂香、李雯和王远美等编写。本书由张芳和富殿山统稿。李晶老师在全书编写过程中给予了深入的指导，李晶、钟祖荣最后进行了审定和修改。

　　感谢北京教育科学研究院基础教育教学研究中心陶礼光、刘玲、于润发等专家的审订，为本书的完善提出了宝贵建议。

　　由于时间仓促，本书内容可能会存在一些问题，欢迎广大专家和教师提出宝贵意见！

张　芳

2013 年 6 月 10 日